Editorial

MACHEN SIE SICH MAL FREI
Vorspiel von Jonas Reif **4**

VON DER MUSIK ZUM GARTEN
Wie die „Flucht" vor der Staatsgewalt im Garten mündete. **6**

ZEITPLANUNG UND RESSOURCEN
Von den Vorzügen professioneller Gewerke **44**

WEGE
Zwischen Funktionalität und Ästhetik **44**

Kapitel 1
DAS ERSTE JAHR 9

BEOBACHTUNG DER RUDERALFLORA UND LOKALER GEGEBENHEITEN
Spontane Vegetation spricht. Zuhören hilft beim Gärtnern. **12**

AUSSERGEWÖHNLICHE STANDORTFAKTOREN
Linker Niederrhein **16**

TESTPFLANZUNG ZU AUSWAHL UND EIGNUNG VON GRÄSERN UND STAUDEN
Von der Wahl der richtigen Sorte **20**

LEHRBUCHWISSEN UND DER NEW GERMAN STYLE
Vorbild Natur und dann? **22**

TEST AUF STANDFESTIGKEIT
Am Beispiel Sortenwahl vom Kandelaber-Ehrenpreis **26**

ZWEITER BLÜTENFLOR – REMONTIERENDE STAUDEN
Rückschnitt als eine in Vergessenheit geratene Kulturtechnik **28**

STAUDEN FÜR ZUKÜNFTIG BESCHATTETE STELLEN
Veränderungen in den ersten Jahren und deren Planbarkeit **28**

VERMEHRUNG, AUSSAAT, AUSLESE
Es ist legal, Pflanzen zu vermehren und eigene zu züchten. **40**

Kapitel 2
TRENDS, INTUITION, LEHRBUCHWISSEN 49

ÖKOLOGIE UND ÖKONOMIE
Sogenannte schlechte Vorbilder **52**

DIVERSIFIKATION UND INVASION
Was die Wortwahl über die Pflanzenauswahl verrät. **56**

ITERATIVE DUMMHEIT
Wer die Arbeit liebt, findet sie auch. **58**

PFLEGEVERZICHT
Lässt sich auf Pflege im Garten auch verzichten? **59**

Kapitel 3
GESTALTUNG IM DETAIL 67

ABKEHR VOM HORTUS CONCLUSUS
Alternative Antworten für mehr Privatheit **69**

DER VERSTELLTE BLICK
Abkehr vom totalen Sichtschutz **70**

TUGEND DER TRANSPARENZ
Erfahrung von Raum und Ferne **76**

DIE KLEINEN VORNE, DIE GROSSEN HINTEN
Gartenräume ohne Hecken **82**

RHYTHMUS
Mal subtil, mal sehr präsent **86**

STRUKTUR IM RAUM DANK VERZICHT AUF RÜCKSCHNITT
Gestaltung im Winter **90**

OBERFLÄCHLICHKEIT IST EINE TUGEND
Texturen in belebten Teilen des Gartens **98**

WIESENKNÖPFE (SANGUISORBA)
So natürlich wie prunkvoll im Auftreten **142**

HUMMELWEIDEN
Die drei Blauen **148**

GROSSSTAUDEN
Faszination der Dynamik **154**

ROSEN UND STAUDEN
Und es geht doch: Rosen in Gräser- und Staudenbeeten **170**

BONUSTRACK
Lieblingspflanze Großblättriges Scheinschaumkraut **182**

VOM SCHEITERN
Ein schwieriges Kapitel **184**

DIE AUTOREN 186

DANKE 187

LITERATURVERZEICHNIS 188

INDEX 189

IMPRESSUM 192

Kapitel 4
LIEBLINGSPFLANZEN 105

KNÖTERICHE
Nette Familie mit zwei Ausreißern **108**

BEGUTACHTUNG KERZENKNÖTERICH
Vorstellung einiger Sorten **110**

VON BODENDECKERN UND HIMMELSSTÜRMERN
Noch mehr Knöteriche **128**

Editorial

MACHEN SIE SICH MAL FREI

Kennen Sie diese Schritt-für-Schritt Ratgeber, wie man seinen Garten gestalten soll? Glauben Sie wirklich, dass man damit in den Olymp der gärtnerischen Welt aufsteigen kann? Oder auch nur annähernd das Bild erreicht, was am Ende dieser Ratgeber als Ergebnis präsentiert wird?

Avantgarde-Künstlern gemein ist, dass sie sich zunächst von etwas gelöst haben oder bewusst bestimmte Regeln missachten, um zu etwas Neuem zu kommen. Wenn Sie das nachfolgende Buch durchblättern und die stimmungsvollen Bilder von Jürgen Becker betrachten, dann werden Sie sich vielleicht fragen: Wovon haben sich Torsten Matschiess und seine Lebensgefährtin Daniela Pawert eigentlich gelöst? Schließlich zeigen die Bilder ästhetisch ansprechende Stauden- und Gehölzpflanzungen, die man vielleicht auch berühmten zeitgenössischen Planern wie Piet Oudolf oder Tom Stuart-Smith zugeschrieben hätte. Doch genau darin liegt das Beeindruckende: Während Oudolf und Stuart-Smith auf jahrzehnte

Edition GartenPRAXIS

PS: Dieses Buch ist Teil der neuen „Edition Gartenpraxis"des Ulmer Verlages. In dieser Edition finden Sie besondere Highlights aus den Bereichen Gartengestaltung, Pflanzenwissen und -verwendung. Besonders begeistern wollen wir damit die Leser unserer Zeitschrift Gartenpraxis, dem führenden Magazin für diese Themen.

lange Erfahrung als Planer zurückblicken und sich von Projekt zu Projekt weiterentwickeln konnten, verließen Matschiess und Pawert erst vor wenigen Jahren ihren mit Küchenkräutern bewachsenen Balkonkasten in der Mietwohnung. Gärtnerische Erfahrung: fast null. Und ihr heutiger grandioser Garten ist keinesfalls eine Kopie großer Planer, sondern hat selbst so viel Neues zu bieten, dass er inzwischen von Experten aus allen Regionen besucht wird. Wie ist ihnen das gelungen? Warum ist es wichtig, sich mit (Fach-)Literatur kritisch auseinanderzusetzen? Und wo finden sich Netzwerke Gleichgesinnter? Das „Plädoyer für gegenwärtiges Gärtnern" ist im besten Sinne eine Anleitung, wie man mit seinem privaten Grün von der Beschleunigungsspur auf die linke Fahrbahn wechselt - bei einer gefühlt zehnspurigen Autobahn.

Jonas Reif, *Chefredakteur der Zeitschrift Gartenpraxis*

VON DER MUSIK ZUM GARTEN

Die Faszination für den Garten wird nicht gleich allen Menschen in die Wiege gelegt. Wer von diesem Virus einmal infiziert worden ist, mag das kaum glauben. In meinem Falle betrug die Inkubationszeit nur wenige Monate, wobei einige Auffrischungen hilfreich waren.

Im Winter 2003 bewohnten Daniela (hier auf dem Lande wissen nur Freunde, dass wir nicht verehelicht sind) und ich noch eine bequeme Stadtwohnung mit großer Terrasse, auf der – zugegeben – schon zahlreiche Küchenkräuter wuchsen. Pflanzenkenntnisse, die über Essbares hinausgingen, waren kaum vorhanden.

Unser Interesse galt der Musik. Jeder Art von Musik. Konzertbesuche standen ebenso auf der Tagesordnung wie Musikhörabende mit Freunden, bei denen auch oft einmal getanzt wurde. Initiator und erster Gastgeber dieser Reihe war unser Freund Hermann Gröne, der vielen als Staudenexperte und Gartenplaner bekannt sein dürfte. Es waren gesellige Abende mit Jazz, Funk und Soul. Die Musik war dabei immer wichtiger als das Hi-Fi-Equipment.

Im besagten Winter geschahen nun zwei Dinge: Es kamen neue Nachbarn und ein Upgrade der Hi-Fi-Anlage wurde vorgenommen. Ob hier Kausalität oder nur eine Korrelation vorlag, mag aus heutiger Sicht irrelevant sein. Damals wurden Musikhörabende bei Zimmerlautstärke – also jener Lautstärke, die ein Hören in allen Zimmern ermöglicht – sehr schnell vom Schellen damals noch grün Uniformierter unterbrochen. Meistens konnten sie keine Ruhestörung (mehr) feststellen, aber die richtige Klingel fanden sie immer. Denn sie hatten Taschenlampen und die Namen kannten sie von den neuen Nachbarn. An einem Abend standen wieder zwei Uniformierte vor unserer Haustür und ein junger Polizist ranzte: „Wer spielt da so laut Klavier?" Darauf ich: „Vladimir Horowitz." Darauf der Polizist: „Der soll sofort damit aufhören!"

Wenige Wochen später mieteten wir ein Haus in ländlicher Lage. Die Flucht vor der Staatsgewalt mündete im Garten. Horowitz wurde seitdem nicht mehr aufgelegt.

Wenden wir uns nun dem Betätigungsfeld, den Ansichten und den Ideen des Autors zu.

„Auf gar keinen Fall ziehen wir Gartenklamotten an."

Von der Musik zum Garten

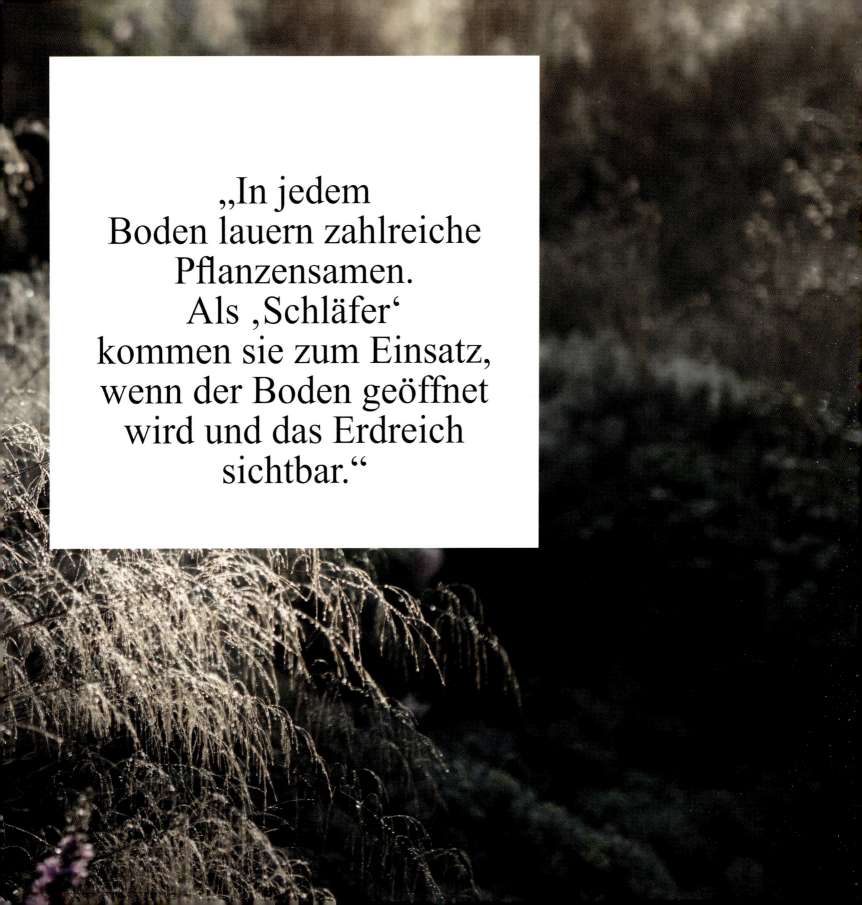

„In jedem
Boden lauern zahlreiche
Pflanzensamen.
Als ‚Schläfer'
kommen sie zum Einsatz,
wenn der Boden geöffnet
wird und das Erdreich
sichtbar."

Kapitel 1
DAS ERSTE JAHR

Um es gleich vorweg zu nehmen – der schnellste und arbeitsärmste Weg zu einem nachhaltigen Garten setzt zwei Dinge voraus: die Kenntnis von den lokalen Gegebenheiten im zukünftigen Garten und das Wissen über die für diesen Standort geeigneten Pflanzen. Das mag trivial klingen und ist es auch. Allerdings kollidieren die Wünsche der Gartenbewohner regelmäßig mit den vorherrschenden Standortfaktoren. Anders ist es nicht zu erklären, dass sich ausgerechnet Gartenbesitzer mit schweren, nährstoffreichen und undurchlässigen Böden einen leichten, mediterranen Garten oder eine Steppenpräriepflanzung wünschen, um damit auch nach immenser Bodenaufbereitung regelmäßig zu scheitern.

Dann gibt es andere Gartenbesitzer, die partout ihre Beete klassisch und akkurat mit Buchs eingefasst sehen wollen, obwohl ihre Gegend dafür bekannt ist, vom Buchsbaumzünsler und dem, im Garten kaum zu bekämpfenden, Pilz *Cylindrocladium buxicola* durchseucht zu sein. Ganz zu schweigen von saure Böden liebenden Rhododendren und Azaleen in Schüttungen von Kalksteinschotter in voller Sonne. Viele wollen halt immer das, was nicht so leicht zu haben ist.

Dieses methodische Scheitern im Garten ist gar nicht so selten anzutreffen. Völlig inakzeptabel wird es, wenn die professionellen Gewerke es hier an Beratung und Aufklärung mangeln lassen. „Der Kunde will das so", lautet eine typische Standardantwort, wenn die Berufsehre bereits auf der Strecke geblieben scheint.

Ein weiterer Wunsch vieler menschlicher Gartenbewohner resultiert aus einer neumodischen Ablehnung jeder Arbeit und einem freimütigen Bekenntnis zum Mangel an Zeit. Pflegeleicht lautet das Gartenunwort der vergangenen Jahrzehnte. Tiefer lässt sich das Niveau kaum stapeln, wenn dann auch noch erwartet wird, dass selbst ein völlig Ahnungsloser einen Garten am besten ohne jede Pflege betreuen kann. Dass ein stundenlanges Herumfahren auf Aufsitzmähern an Samstagen einigen Gartenbewohnern Entspannung bereitet, stellt im Übrigen noch keinen tauglichen Beitrag zur Gartenkultur dar.

Auch wenn es selbst dem Laien einleuchten dürfte, dass ein Garten nicht mal eben fertiggestellt werden kann, ist grundsätzlich immer Eile geboten. In einigen Fällen lässt sich dieser Wunsch bequem mit Geld lösen. Baumschulen leben davon, ihren Kunden Gehölze in verschiedenen Größen anzubieten. So kaufen sich Gartenbesitzer ein paar Jahre Zeit. Sie bringen sich aber auch um das Erleben der Kindheit ihrer Gehölze und verpassen den frühen Aufwuchs mit seiner eigenen Dynamik ebenso wie die damit verbundene Veränderung innerhalb der Pflanzung, wenn die Beschattung zunimmt und die um sich greifende Wurzel den Standort und sein Klima verändert.

Leider wird dabei oft verschwiegen, dass jüngere Bäume sich dem neuen Standort besser anpassen und den Vorsprung nur weniger Jahre oft schnell einholen. Oder man greift deutlich tiefer in die Tasche und erwirbt ein schon stattliches Gehölz.

Amur-Korkbaum-Hain Ende Oktober.

Phellodendron amurense wächst in Flusstälern Nordchinas und benötigt feuchte, durchlässige Böden. Im Oktober setzt seine gelbe Herbstfärbung ein. An weniger geeigneten Standorten färbt sich das Laub bereits im August gelb und fällt früh ab.

Das erste Jahr

Das Ruderale Beet (linke Bildhälfte): Es dient als Experimentierfläche zur Ermittlung und Auslese im Boden vorhandener Wildstauden, hier waren es Schlangen-Knöterich (*Bistorta officinalis*) und Roter Fingerhut (*Digitalis purpurea*) neben gepflanzten Astern und Scheinastern.

BEOBACHTUNG DER RUDERALFLORA UND LOKALER GEGEBENHEITEN

Was einmal Garten werden soll, war vorab oft Bauland, Brache oder Acker. Doch nun kann man endlich loslegen und je nach Jahreszeit Rosen, Lavendel, einen Flieder, Geranium, vielleicht ein paar Gräser und was einen sonst noch im Pflanzencenter so anspringt einkaufen und pflanzen. Und wenn sie nicht gedeihen, schimpft man auf die Qualität und zieht wieder los, um die Pflanzlücken zu beseitigen. Tatsächlich und verkürzt betrachtet entstehen so sehr viele Gärten. Gepflanzt wird, was gefällt, und mit der Zeit lernt man ja auch etwas dazu.

Eine solche Phase dauert mindestens ein Jahr, oft Jahre und bei manchen hält sie an. Verschenkte Zeit. Dabei kann das erste Jahr viel sinnvoller genutzt werden, indem man gar nichts macht, höchstens die sich versamenden Gehölze jätet und beobachtet, was von selbst wächst. In jedem (noch so kaputten) Boden befinden sich zahlreiche Pflanzensamen. Als „Schläfer" kommen sie zum Einsatz, wenn der Boden geöffnet wird und das Erdreich sichtbar. Eine solche Situation tritt in der freien Natur auf, wenn zwei Hirschbullen durch ihre Hakeleien und Kämpfe während der Brunft den Boden aufwühlen, ebenso nach dem Abschluss von Bauarbeiten. Dann keimen dort kurzlebige und schnell wachsende Pflanzen, und einige Stauden treiben aus ihren Wurzeln neu durch. Dabei werden immer bestimmte Pflanzen je nach Jahreszeit und dem aktuellen Wetter begünstigt. Das Pflanzenbild, was sich im ersten Jahr entwickelt, nennt sich Ruderalflora[1]. In der Regel sind das jene Pflanzen, die man im konventionellen Garten nicht sehen möchte, die aber auch in Zukunft immer wieder auftreten werden, wenn der oder die Gärtner:in das zulässt. Unter diesen Wildkräutern befinden sich aber auch immer einige Schätze, die nicht gehoben werden. Fingerhüte, Rittersporne, Primeln, Witwenblumen, Mohne oder Veilchen. Pflanzen, die sich oder ihr Erbgut bereits an den Standort gewöhnt haben und dort oft optimal gedeihen.

[1] Ruderalflora meint hier die spontane Vegetation, die sich im ersten Jahr auf offenen, nackten Böden von selbst einfindet. Dabei handelt es sich zumeist um Einjährige sowie kurzlebige Stauden und Gräser.

Epilobium angustifolium, das Schmalblättrige Weidenröschen wird im Englischen „Fireweed" genannt, weil es sich auf den nach Waldbränden entstandenen Lichtungen rasant ausbreitet. Nach dem Krieg wurde es in den zerstörten deutschen Städten „Trümmerblume" genannt, weil es selbst dort wuchs. Mit geeigneten Pflanzpartnern kombiniert, lässt es sich im Garten durchaus bändigen. Ein Jäten darf nie zu früh erfolgen, da die sehr langen Rhizome sonst noch zu weich sind und schnell brechen. Dann ist es eher ein Vermehren als ein Jäten.

[1] Den Idealzustand eines Bodens in den Disziplinen Struktur, Nährstoffverfügbarkeit und Bodenorganismen bezeichnet man als garen Boden. Ein solcher Boden kann durch Verdichtung (häufiges Betreten oder Befahren) zerstört werden.

Jede Pflanze stellt spezifische Anforderungen an ihre Umgebung. Weichen zu viele Wachstumsfaktoren, wie zum Beispiel Licht, Wasser, Kalkgehalt oder Bodenzusammensetzung, vom Ideal ab, gedeiht eine Pflanze nicht gut oder gar nicht. Das gilt für kurzlebige Pflanzen ebenso wie für Bäume. Der besondere Charme im Zulassen einer Ruderalflora liegt in den Erkenntnissen über den Standort, die aus ihrer Betrachtung gewonnen werden können. Mit wenigen Blicken erkennt der geschulte Gärtner oder eine Botanikerin die Zusammensetzung dieser spontanen Pflanzengesellschaft und kann so bestimmen, welche charakteristischen Eigenschaften dieser Teil des zukünftigen Gartens hat. Besonders hilfreich bei dieser Betrachtung sind die sogenannten Zeigerpflanzen. Sie gedeihen nur unter sehr spezifischen Bedingungen und ermöglichen durch ihr Aufkommen, diese zuverlässig zu bestimmen. Da wir es je Standort nur mit wenigen Pflanzen zu tun haben, ist es nicht notwendig, sämtliche Zeigerpflanzen nach Herrn Ellenberg (siehe Literaturliste) zu kennen. Wichtig ist nur eine zuverlässige Bestimmung der lokalen Vorkommen.

Eine befreundete Kundin hatte sich bei einem Besuch in einer Baumschule leichtsinnig in die große Familie der Ebereschen (*Sorbus*) verliebt und nun bereits einige Erkundungen über deren Standortanforderungen angestellt. Sie gärtnert auf einem sehr sandigen und durchlässigen Boden, der das Wasser schlecht bindet. Eine bereits vorgesehene Senke auf ihrem Grundstück, die bisher von Ziegen und Eseln beweidet wurde, kam ihrer Meinung nach nicht infrage, da auch dieser Standort viel zu trocken für Ebereschen sei. Eine naheliegende Feststellung, denn als wir darüber sprachen, war es August und mehr als sechs Wochen war Regen ausgeblieben. Der Kerzen-Knöterich in den benachbarten Rabatten, der bisher erstaunlich lange Trockenperioden im Sommer gut vertragen hatte, zeigte kaum Blüten und dafür reichlich Welkeschäden. Selbst der Crémant schmeckte trockener als sonst.

Also wandten wir uns der Flora auf der seit einem Jahr nicht mehr beweideten Senke zu: Dort standen Knäuel-Binse, welche auf einen ständig nassen oder wechselfeuchten Boden deutet; Hohe Brennesseln, die auf Stickstoffreichtum und Bodengare[1] hinweisen; außerdem Echter Beinwell und Breitwegerich, die einen Hinweis auf Staunässe und verdichtete, eher schwere Böden geben. Genau diese schweren Böden waren in den vergangenen Jahren von einem benachbarten Landwirt abgeladen worden, um das Erdniveau in der Senke anzuheben. Infolgedessen hatte sich der Standort dort stark verändert und der *Sorbus*-Hain konnte gepflanzt werden. Da jene Arten aus dem Himalaya, wie *Sorbus cashmiriana* und *Sorbus vestita,* besonders trockenheitsempfindlich sind, wurden diese Bäume an den feuchteren und nicht so der Sonne exponierten Stellen gepflanzt.

Das erste Jahr

Die Stinkende Iris *(Iris foetidissima)* stinkt nur, wenn sie zerrieben wird, und gedeiht mit etwas Geduld auch an sehr trockenen, schattigen Stellen. Mag ihre Blüte nicht so zierend sein, im Herbst leuchten ihre Samenstände.

AUSSERGEWÖHNLICHE STANDORTFAKTOREN

Die meisten in diesem Buch beschriebenen Pflanzungen befinden sich im gut 8.200 Quadratmeter großen Privatgarten des Autors. Dieser besteht aus einem kleinen „Sammlergarten", umgeben von altem Baumbestand, der seit 2008 durch Pacht immer weiter vergrößert werden konnte. Als vorerst letzter Abschnitt wurde 2011 ein 5.300 Quadratmeter großer, ehemaliger Maisacker hinzugepachtet.

Der Garten Alst liegt am linken Niederrhein, nordwestlich der Kölner Bucht im Niederrheinischen Tiefland (47 m ü. NHN). Das atlantische Klima beschert mäßig warme Sommer, schneearme Winter und hohe Jahresdurchschnittstemperaturen von 9,5 bis 10,5 °C. In vielen Jahren ist die Vegetationsperiode, also die frostfreie Zeit, sehr lang. Vereinzelt treten Spätfröste jedoch bis in den Mai hinein auf.

Der konkrete Standort war alles andere als mager: Es handelt sich um einen lehmigen, sandhaltigen Ackerboden mit einem geringen Kalkgehalt, dafür mit reichlich verfügbarem Stickstoff und einer guten Bodengare. Seine Durchlässigkeit ist gering und sie nimmt in zwei Spaten Tiefe stark ab. In knapp einem Meter Tiefe (an vielen Stellen auch höher) folgt eine Tonschicht, die kaum noch durchlässig ist. Bedingt durch diese das Wasser haltende Sperre ist der Boden zumeist frisch und an einigen Stellen oft feucht.

Die Niederschlagsmenge liegt zwischen 700–800 mm/Jahr und damit etwas über dem bundesdeutschen Durchschnitt. Da der Garten in einer Senke liegt, sammelt sich hier das Oberflächenwasser der umliegenden Äcker, insbesondere, wenn diese keine Frucht tragen. Dieser Umstand wird durch die Tonschichten in geringer Tiefe begünstigt. Im Frühjahr führt das an einigen Stellen im Garten zu extremer Nässe. In Pflanzlöchern sammelt sich dann in kürzester Zeit Oberflächenwasser an. Bei genauem Hinsehen lässt sich sogar die Fließrichtung erkennen.

Problematisch wird es im Garten nach längeren Phasen ohne Niederschläge, was insbesondere junge Gehölze regelrecht verzweifeln lässt. Verwöhnt durch die sonst gute Versorgung mit Oberflächenwasser wurzeln sie nicht so tief ein und verlieren beim Austrocknen des Bodens schneller ihren Zugang zum Wasser. Während die meisten Stauden und Gräser eine solche Tortur zumindest überleben – wenn auch nicht besonders ansehnlich – sterben junge Gehölze dabei meist ab. Hier hilft nur zu beobachten, ob die Gehölze Anzeichen von Welke zeigen. Sollten sie sich dann über Nacht nicht erholen, muss gewässert werden.

Solche wechselfeuchten Standorte stellen nicht nur an viele Stauden und Gräser besondere Anforderungen. So erweisen sich viele Großstauden auf diesen Böden auch als nicht besonders standfest. Andere gehen mit der ersten Trockenperiode viel zu früh in Welke oder ziehen ganz ein.

Der Blick nach Südosten im Herbst.

Junge Gehölze, wie dieser vor vier Jahren gepflanzte Pagoden-Hartriegel *(Cornus controversa),* wurzeln auf feuchten, schweren Böden nicht so tief ein und leiden bei Trockenheit extrem. Wässern ist in den ersten Jahren unverzichtbar.

Das erste Jahr

TESTPFLANZUNG ZU AUSWAHL UND EIGNUNG VON GRÄSERN UND STAUDEN

Es gibt zahlreiche Gräser und Stauden, die prädestiniert erscheinen für eine großflächige Verwendung. Bei einem mageren, eher trockenen Boden eignet sich zum Beispiel eine wiesenartige Pflanzung. Magerwiesen mit einem entsprechenden Anteil an Stauden und Einjährigen bieten ein ideales Nahrungsangebot für Insekten und damit auch andere Tiere. Eine Mahd zum richtigen Zeitpunkt (oft auch eine weitere im Jahr) entscheidet dabei über die langfristige Zusammensetzung der Pflanzengesellschaft, da bestimmte Strategen hierdurch begünstigt, andere durch den Rückschnitt geschwächt werden. Solch eine Wiesen-Aussaat ist relativ preiswert. Sie bietet sich an, wo großflächige Gärten angelegt werden und das Budget in den ersten Jahren gering ist.

Gesucht wurden geeignete Stauden und Gräser für ein größeres Feld, das im Jahr des Tests noch ein Maisacker war. Die Testfläche war gut 800 Quadratmeter groß und grenzte direkt an diesen Acker, hatte also vergleichbare Bodeneigenschaften. Hier konnten geeignet erscheinende Kandidaten ausgesät, aufgepflanzt und beobachtet werden. Gewässert wurde nur bei der Pflanzung, da die Reaktion einzelner Stauden auf Trockenstress wichtige Erkenntnisse liefern sollte. Einige Gartenbesitzer mögen nun sehr strukturiert vorgehen und alle Pflanzen nebst gesammelter Beobachtungen in einer Datenbank nach eigner Wahl erfassen. Der Autor selbst zieht es vor, sich in einem kleinen Gartenbuch und noch lieber auf einer Kopie des Pflanzplans Notizen zu machen. Solche Notizen sind zwar nicht so schnell zu durchsuchen wie eine Excel-Tabelle, sie verbleiben aber dafür besser im Gedächtnis.

Kommen wir zur Auswahl der Kandidaten für die Testpflanzung. Das wichtigste Kriterium heißt Sympathie. Dabei geht es nicht nur um die Ästhetik und das Gefallen in einem gewissen Gartenkontext, sondern auch um das Wissen von der Heilwirkung, den Duft oder Geschmack. Aber auch die Eignung als Futterpflanze für Insekten und Vögel kann uns für eine Pflanze einnehmen.

Kugeldisteln *(Echinops)*

INFO BOX

Die Ursache für das jährlich im Sommer stattfindende Hummelsterben ist nicht ein Gift im Nektar von Linden oder gar deren perfide Strategie, den Nektarhahn langsam zuzudrehen. Es ist auch nicht das zufällige Aufeinandertreffen von Lindenblüte und einem natürlichen Sterben der Hummelvölker im Hochsommer, denn das findet viel später statt. Die Ursache liegt vielmehr in einer pflanzlichen Verarmung unserer Landschaft wie auch unserer Gärten. Sie verhungern, weil durch den immer größer werdenden Konkurrenzdruck das Nektarangebot der Linden nicht mehr ausreicht.
Statt den Hummeln, wie gelegentlich empfohlen, Zuckerwasser bereitzustellen, lässt sich das Nahrungsangebot auch durch die Verwendung hummelfreundlicher Stauden verbessern. Allein in der Gruppe der Blau-Blüter wären das die Große Blaue Staudenlobelie (*Lobelia siphilitica*), Hummelschaukel (*Salvia uliginosa*), Kugeldistel (*Echinops*) und Hoher Rittersporn (*Delphinium elatum*), allerdings nur Elatum-Hybriden mit ungefüllten Blüten. Anders farbig blühende Stauden wären diverse Glockenblumen (spät blühende *Campanula sp.*), Echtes Herzgespann (*Leonurus cardiaca*) und Echte Katzenminze (*Nepeta cataria*).

Das erste Jahr

Riesen-Federgras (*Stipa gigantea*)

Das beliebte Riesen-Federgras ist heimisch in Gebirgslagen in Portugal und Spanien. Es bevorzugt sehr durchlässige und meist trockene Böden. Nach Hansen/Stahl zählt es zu den „Gräsern für Felssteppen und ähnliche Standorte" innerhalb der Gruppe „Freiflächen". Wer käme nun ernsthaft auf die Idee, dieses Gras auf einem verdichteten und feuchten Standort einzusetzen? Seit nunmehr 5 Jahren gedeiht es prächtig genau an solchen Stellen im Garten. Weder hat es sich dort als blühfaul erwiesen, noch sind Ausfälle zu beklagen. Es geht mit großen Horsten grün durch den Winter, benötigt somit auch keinen Rückschnitt und wird im Frühjahr mit dem Rechen ausgekämmt. Wenn die Blütenstände leicht abbrechen, ist der richtige Zeitpunkt, diese zu entfernen.

LEHRBUCHWISSEN UND DER NEW GERMAN STYLE

Natürlich verbieten sich sämtliche Stauden, die grundsätzlich einen anderen Standort verlangen. Hierzu gibt es ausführliche Literatur. Sehr bekannt wurde der sogenannte „Hansen/Stahl", eigentlich: „Die Stauden und ihre Lebensbereiche", eine Kampfschrift gegen die weit verbreitete Sorglosigkeit, mit der Stauden im Garten fernab ihrer Bedürfnisse Verwendung fanden und leider immer noch finden. Die Autoren beschreiben sehr umfangreich die der Natur nachempfundenen Lebensbereiche im Garten und listen zu jedem einzelnen geeignete, also am vergleichbaren Naturstandort vorkommende, Stauden auf. Dieses Ordnungssystem leitet sich von Beobachtungen am Naturstandort ab und wird – völlig zu Recht – von vielen Gärtnern und Planern nicht erst seit Erscheinen des Werkes angewandt. Weil es sich bewährt hat. Die hieraus resultierenden Pflanzungen dieser sehr deutschen Gartenbewegung werden im Ausland als New German Style bezeichnet. Ihre Qualität besteht übrigens nicht so sehr in den neuen Bildern, die hier mit Stauden gemalt werden, als vielmehr in der geringen Pflegebedürftigkeit bei dieser ökologischen Art von Pflanzenverwendung. Im Garten gegen die Natur zu handeln artet halt regelmäßig in Arbeit aus.

Was dabei durchaus bewusst außer Acht gelassen wird, ist die Anpassungsfähigkeit vieler Pflanzen an einen nach Lehrbuchmeinung nicht optimalen Standort. Nur weil eine Pflanze in der Natur bestimmte Standortfaktoren bevorzugt, heißt das nicht, dass sie an anderen nicht gedeiht oder mehr Pflege benötigt. Hier helfen Testpflanzungen und Experimente weiter.

Schwachgekrümmtes Liebesgras
(Eragrostis curvula), rechts hinter der
Rose 'Fortuna' und dahinter links Rasen-Schmiele.

Es zählt zur selben Felssteppen-Gruppe wie das Riesen-Federgras. Sein Wuchs erinnert etwas an Rasen-Schmiele, seine Blüte an Pfeifengräser. Auf feuchten und nährstoffreichen Böden beobachtet man zwei Dinge: Sein Wuchs ist lockerer, weniger aufrecht und seine Entwicklung verzögert sich. So treibt es erst im Juli richtig durch und das Laub hält sein frisches Grün bis in den November hinein, wenn die meisten anderen Gräser längst verblasst sind oder ihre Herbstfärbung zeigen. Eine weitere, bei Gräsern selten anzutreffende Tugend zeigt sich von August bis Oktober: Der Duft von *Eragrostis curvula* ist feinherb, in höheren Konzentrationen etwas schwer und lockt Insekten herbei. Da es sich fleißig versamt, sollte es eher flächig und mit konkurrenzstarken Stauden verwendet werden.

Das erste Jahr

Veronicastrum virginicum 'Album'

TEST AUF STANDFESTIGKEIT

Gerade die hohen Sorten des Kandelaber-Ehrenpreises erweisen sich auf wechselfeuchten Böden bisweilen als nicht standfest. Dabei ist gerade der aufrechte Wuchs ein wichtiges Gestaltungskriterium, das *Veronicastrum*-Hybriden vorzüglich bedienen. Auch das Winterbild ist entscheidend, da sie wertvolle Strukturbildner sind. Hier kann eine Testaufpflanzung der verschiedenen Kultivare helfen, die für den eigenen Standort geeigneten zu ermitteln. Gerade wenn eine langlebige und konkurrenzstarke Staude großflächig gepflanzt werden soll, gilt es Fehler bei der Sortenwahl zu vermeiden. Ob dabei ein Jahr der Beobachtung schon ausreicht, um diese Entscheidung zu treffen, hängt ein bisschen von der Entwicklung der Pflanzen ab. Wie gut sind sie eingewachsen, wie hoch ist ihr Zuwachs, und lassen sich bereits nach einem Jahr Ausreißer deutlich erkennen, die verschenkt werden können? Der eigene Test lief drei Jahre, wobei immer einzelne Sorten aussortiert und die Favoriten geteilt und vermehrt aufgepflanzt wurden. Der schöne Nebeneffekt dieser Methode war, dass auf einer überschaubaren Fläche hohe Stückzahlen für die anschließende Pflanzung gewonnen werden konnten. Nach drei Jahren wurden aus eigener Vermehrung je 300 Stück *Veronicastrum virginicum* 'Album', eine mit 1,20 Meter gut überschaubare weiße Art, und *Veronicastrum v.* 'Lavendelturm', die hier am Standort 2 Meter hoch wird und in einem hellen Lavendelviolett blüht, ausgepflanzt.

Veronicastrum virginicum 'Lavendelturm'

Diverse Sorten in Testpflanzung.

ZWEITER BLÜTENFLOR – REMONTIERENDE STAUDEN

Viele Stauden besitzen die Fähigkeit, nach einer ersten Blüte und einem unmittelbar danach durchgeführten Rückschnitt ein zweites Mal zu blühen. Bekannt hierfür sind: Verzweigter, Hoher und Pracht-Gartenrittersporn (*Delphinium* Belladonna-Gruppe, Elatum-Gruppe und Pacific-Gruppe), Steppen-Salbei (*Salvia nemorosa*) oder zahlreiche Storchschnäbel, wie zum Beispiel der Wiesen-Storchschnabel (*Geranium pratense*). Diese können, einige sollten nach der Blüte zurückgeschnitten werden. Weniger bekannt ist, dass diese Fähigkeit auch viele hohe Knöteriche, wie der Kerzen-Knöterich und der Hohe Juni-Knöterich, oder der Kandelaber-Ehrenpreis besitzen. Das erste Mal aufgefallen war das dem Autor, als er in einer benachbarten Staudengärtnerei gegen Ende August 1-Liter-Container mit einer ganz niedrigen *Veronicastrum*-Blüte entdeckte. Die Pflanzen sahen aus, als hätte jemand die Blüte mit drei Wirteln in die Container gesteckt. Tatsächlich waren sie nur nach der Blüte komplett zurückgeschnitten worden und der neue Austrieb war nun sehr niedrig in Blüte gegangen. Auf die Frage, wie unbedarfte Kunden diese vermeintlich niedrige Form einsetzen werden und wie die Überraschung im nächsten Jahr ausfallen dürfte, antwortete der Staudengärtner: „Ja, die werden schön staunen!"

STAUDEN FÜR ZUKÜNFTIG BESCHATTETE STELLEN

Ein Garten ohne Gehölze wird leider viel zu oft Realität. Bäume machen Dreck, insbesondere alle Kandidaten, die zum Winter hin ihr Laub verlieren. Ein gar nicht so lustiger Witz eines hiesigen Baumschulisten über ein potentielles Kundenpaar, war der Ausruf des Ehemanns: „Wie? Der verliert seine Blätter? Dann wollen wir den nicht!" Allerdings existiert tatsächlich ein Problem beim Pflanzen von Gehölzen: Sie verändern mittel- und langfristig den Standort, da ihr Wasser- und Nährstoffbedarf ständig steigt und sich ihr Wurzelwerk ausdehnt. Gleichzeitig sorgt ihre Krone für immer mehr Beschattung. Das klingt trivial, wirkt sich aber auf die langfristige Planung der benachbarten Pflanzung aus, sowohl auf der sonnenzugewandten wie auch auf der sonnenabgewandten Seite. In der Natur verändert sich ein solcher Standort im Laufe der Jahre. Mit dem Größerwerden der Gehölze verschwinden langsam alle sonnenhungrigen Stauden und Einjährigen. In einem kontinuierlichen und langsamen Prozess werden sie abgelöst von Schattenstauden.

Temporäre Pflanzung mit Rasen-Schmiele neben einem Blauglockenbaum (*Paulownia tomentosa*) und einer Schönen Leycesterie *(Leycesteria formosa)*.

Das erste Jahr

Aus der Rasen-Schmiele im Hintergrund ragt Schwarzer Holunder (*Sambucus nigra* 'Black Lace') heraus, der jedes Jahr knöchelhoch zurück geschnitten wird. Im Vordergrund stehen die Samenstände des Fingerhutförmigen Garten-Bartfadens (*Penstemon digitalis* 'Mystica') in Teppichen der Aster 'Snow Flurry' (*Symphyotrichum ericoides* var. *prostratum*). Das solitär stehende Gras ist *Panicum virgatum* 'Northwind'. Binnen weniger Jahre wurde diese standfeste Sorte sehr populär.

Bei der Gartenplanung in Gehölznähe gibt es nun zwei extreme Konzepte. Bei dem ersten erfolgt die Pflanzenauswahl nach Kriterien, die dem jetzigen Standort gerecht werden. Diese Methode hat den charmanten Vorteil, dass solche Pflanzungen in den ersten Jahren durch die Bank attraktiv und pflegeleicht sind. Allerdings schleicht sich der Zeitpunkt herbei, wo die Bäume (oder auch der einzelne Baum) diese Pflanzung stören und jene dann schnell ihre Attraktivität einbüßt. Sie muss nun weitgehend verändert, oft völlig erneuert werden. Dieser Zeitpunkt lässt sich im Übrigen etwas hinauszögern, denn einige Bäume vertragen einen totalen Rückschnitt vor dem Neuaustrieb.

Coppicing heißt dieses Verfahren in der englischsprachigen Welt, was hier umständlich „auf den Stock setzen" genannt wird. Beim Blauglockenbaum (*Paulownia tomentosa*) empfiehlt sich ein solcher Totalrückschnitt nach der Pflanzung junger Ware, weil er dann einen einzelnen, aufrechten Stamm ausbilden kann. Wichtig dabei ist, nur einen Trieb stehen zu lassen und alle anderen zu entfernen. Die Beschattung der Pflanzung hält sich mit dieser Methode in den ersten Jahren in Grenzen. Beim Coppicing wird allerdings oft unterschätzt, dass die Gehölze ein fast normales Wurzelwerk ausbilden, das dem Boden der umgebenden Pflanzung Wasser und Nährstoffe entzieht.

Das erste Jahr

Nachdem sie in gelber Herbstfärbung erstrahlten, verlieren die Amur-Korkbäume im November nun ihr Laub.

Das andere Extrem einer zukünftig gehölznahen Pflanzung besteht in der konsequenten Verwendung von Stauden für diesen künftig vorliegenden Lebensbereich. Gerade langlebige, wie Elfenblumen, Funkien, einige Silberkerzen, Pfingstrosen oder Seggen und Marbeln kommen durchaus einige Zeit mit einem vollsonnigen Platz zurecht und können dort ausgiebig einwachsen. Allerdings bleibt die Auswahl sehr beschränkt, und selbst wenn in Dürreperioden ausreichend gewässert wird, entwickeln die Pflanzen sich über das Jahr nicht so attraktiv wie in einem beschatteten Gartenteil. Auch kommt man hier nicht umhin, weniger sonnentolerante Pflanzen, wie Leberblümchen, Windröschen, Japanische Wachsglocke, Herzblattschale oder Hänge-Goldglocke, zu einem geeigneten Zeitpunkt nachzupflanzen.

Ein guter Kompromiss bei der Verwendung sehr junger Gehölze ist eine begleitende Kombination aus langlebigen Stauden, die sowohl mit dem sonnigen Standort zu Beginn wie auch mit der Beschattung nach einigen Jahren gut zurechtkommen, und kurzlebigen Arten, die als sogenannte dienende Pflanzen nur für ein paar Jahre am Standort verweilen. Sie verhindern ein Aufkommen von Wildkräutern und werden mit der Zeit von den größer werdenden Gehölzen und Stauden verdrängt. Dabei müssen sie nicht völlig verschwinden, denn durch Versamung wandern sie in geeignetere Bereiche, sofern diese Böden offengehalten werden. Diesem Zweck dienen auch Einjährige und ruderale Pflanzen.

Schöne kurzlebige Stauden sind die sich auf offenen Böden immer wieder versamende Lauchblättrige Glockenblume (*Campanula alliariifolia*) oder auf sandigen, kalkarmen Böden die Pfirsichblättrige Glockenblume (*Campanula persicifolia*). Auch von den Nelken gibt es einige kurzlebige Formen, besonders interessant sind die späte rosa Blüte der Pracht-Nelke (*Dianthus superbus* und subsp. *superbus*) und ihr feiner Duft. Intensiver in ihrer Farbwirkung ist die Karthäuser-Nelke (*Dianthus carthusianorum*) mit einem kräftigen Purpurrot. Auch sie versamt sich gut, bevorzugt dazu aber kalkhaltige Böden.

Der Hohe Herbst-Eisenhut (*Aconitum carmichaelii var. carmichaelii*) zählt wie fast alle Eisenhüte zu den dem „Gehölzrand nahestehenden Beetstauden" für „kühle, sonnige bis absonnige Plätze mit frischen bis feuchten Böden". Überhaupt ist die Familie der Hahnenfußgewächse (*Ranunculaceae*) reich an Stauden für solche Böden. Die Voraussetzung für einen vollsonnigen Standort ohne jede Beschattung ist ein kontinuierlich feuchter Boden, der auch im Sommer nie austrocknen darf. Bei langen Hitzeperioden ist dann auch einmal ein Wässern erforderlich.

Die oft gehörte Empfehlung, dass möglichst selten und dann ausgiebig zu wässern ist, gilt für lockere und normale Gärtenböden, nicht aber für schwere und verdichtete. Wenn diese einmal ausgetrocknet sind, können sie nur sehr langsam wieder Wasser aufnehmen. Da hilft ein langsames, ausdauerndes Wässern, und eine Pfützenbildung ist zu vermeiden.

Von einigen Gärtnern, die den Garten besuchten, war aus gewisser Distanz zu der Aufpflanzung der Hohen Herbst-Eisenhüte zu vernehmen „Was ist denn das für ein Rittersporn?" Das Schöne an diesem Eisenhut: Er blüht von August bis Oktober mit einer kurzen Unterbrechung und bleibt auch nach der Blüte lange attraktiv. Das ist nicht selbstverständlich bei Eisenhüten.

Das erste Jahr

Lanzen-Silberkerze (*Actaea racemosa* var. *cordifolia*)

Die Lanzen-Silberkerze (*Actaea racemosa* var. *cordifolia*) 'Blickfang' zählt, wie alle Silberkerzen, zur Gruppe für „spezielle, schattige und halbschattige Plätze im Garten". Diese sollen „kühl, zumeist luft- und bodenfeucht" sein und „mit Vorliebe in von Bäumen beherrschten, schattigen Anlagen". Nun hat sich die Eignung einiger Silberkerzen für sonnigere Standorte bereits herumgesprochen. Gerade auch die dunkellaubigen, fast schwarzblättrigen Kultivare, wie die bekannte und nach Jasmin duftende Oktober-Silberkerze 'Brunette' (*Actaea*, früher *Cimicifuga*, *simplex* 'Brunette'), gedeihen auch in sonnigeren Lagen, wenn der Boden während der Vegetationsphase nie ganz austrocknet. Hiervon hat Staudengärtner Hans Kramer vom Hessenhof.nl in den letzten Jahren einige sehr dunkle Formen ausgelesen und bietet diese nun stecklingsvermehrt[1] an. Während die Oktober-Silberkerzen an vollsonnigen Stellen immer prächtig gediehen, kam es bei der Lanzen-Silberkerze gelegentlich zu Verbrennungen, welche die Pflanzen für den Rest der Saison unattraktiv werden ließen, diese aber nicht zerstörten. Sie konnten hierdurch länger am – zunächst sonnigen – Standort einwachsen und mit der zunehmenden Beschattung durch die Gehölze verschwindet dieses Problem. Da sie einige Jahre benötigen, um ansehnliche Bestände zu bilden, ist dieser Vorsprung besonders wertvoll. Wichtig bei allen Silberkerzen sind die Pflanzpartner, denn allzu große Konkurrenz vertragen sie insbesondere in den ersten Jahren nicht.

INFO BOX

[1] In vielen Gartencentern wird nur noch zugelieferte Ware, oft aus Laborvermehrung, angeboten. Dabei werden unter Labor-, konkreter: In-Vitro-Bedingungen aus winzigen, desinfizierten Gewebemengen gewaltige Mengen Jungpflanzen produziert. Auf den schönen Etiketten der Pflanzen-Industrie sucht man Hinweise auf In-Vitro- oder Meristemvermehrung meistens vergeblich, und wer weiss schon, was mit „Pflanzlicher Gewebekultur" gemeint sein könnte. Von Gärtnern und Pflanzenliebhabern gerüchtet es oft von den Nachteilen dieser Vermehrungsart, so von einer höheren Anfälligkeit für Krankheiten, Abweichungen von der Sorte und dass zum Beispiel das bei Funkienliebhabern gefürchtete Hosta Virus X bei dieser Form der Vermehrung nicht immer beseitigt werden konnte, obwohl sie genau das verspricht. Leider beschränken sich die Interessenvertretungen der Staudengärtner lieber darauf, neue Sorten auf ihre Gartenwürdigkeit zu sichten. Vergleichende Untersuchungen zwischen konventionell (Wurzelteilung oder Stecklingsvermehrung) und meristemvermehrter Ware wurden bisher versäumt. Dabei könnten solche Untersuchungen dabei helfen, Gerüchte und Versprechen zu verifizieren oder zu verwerfen und ein Bewusstsein der Verwender für den wahren Wert der Ware Pflanze schaffen.

Das erste Jahr

Doch um keine Missverständnisse aufkeimen zu lassen: Lehrbücher, insbesondere solche, die sich der Pflanzenverwendung widmen, sind unverzichtbar, um Wissen über Pflanzen zu erlangen oder ihre Verwendungsmöglichkeiten zu recherchieren. Neben den Standardsortimenten der regionalen Fachgärtnereien, also durch die Bank Stauden, welche für das regionale Klima und die lokalen Böden ausgewählt wurden, gilt es immer wieder, fremde Gattungen und Arten zu entdecken und in die Gärten zu bringen. Hierbei hilft das niedergeschriebene Wissen über deren heimische Standorte und die bewährte Verwendung in Gartenkultur enorm dabei, Pflanzfehler zu vermeiden. Allerdings weicht jeder lokale Standort in Details vom passenden Idealtyp des Schemas ab und schafft damit Lücken für Kreativität in Form neuer Pflanzenkombinationen.

Die Oktober-Silberkerze 'Brunette' (*Actaea,* früher *Cimicifuga, simplex* 'Brunette') und das Tautropfengras (*Sporobolus heterolepis*) entstammen zwei völlig unterschiedlichen Lebensbereichen. An besonderen Standorten im Garten, wie hier auf einem zumeist sonnigen und immer frischen Boden, können solche Kombinationen langfristig harmonieren.

Das erste Jahr

VERMEHRUNG, AUSSAAT, AUSLESE

Kommen wir zurück zur Testpflanzung. Neben den bereits erwähnten Zielen, eine standortgerechte Sortenauswahl zu treffen und bestimmte Lieblingsstauden auf ihre Eignung zu testen, können auch Auslesen aus Aussaaten vorgenommen werden. Mittlerweile gibt es ein großes Angebot an Staudensaatgut im Handel und sogar zahlreiche echt fallende Sorten können auf diesem Wege erworben werden. Die Gesellschaft der Staudenfreunde (GdS) bietet jedes Jahr im Winter den beliebten Samentausch an. Viele Mitglieder beteiligen sich an dieser Aktion und sammeln fleißig Stauden- und Gräsersamen in ihren Gärten, säubern und etikettieren diese, um sie

Echinacea purpurea 'Alba' Mitte September mit *Sesleria autumnalis*.

danach an eine Sammelstelle zu senden. Diese organisiert die weitere Verteilung an die Mitglieder. Das Angebot ist riesig und selbst exotische Liebhaberstauden finden so ihre Verbreitung in andere Gärten.

Ein charmanter Nebenaspekt einer solchen Aussaat ist die Gewinnung eigener und gesunder Auslesen. Im Testbeet lässt sich gut erkennen, welche Sämlinge über die besten Eigenschaften verfügen und welche im eigenen Boden optimal gedeihen. Diese gilt es zu kennzeichnen, um sie zu einem geeigneten Zeitpunkt (meistens ist das der Austrieb im zeitigen Frühjahr) zu teilen und so für den eigenen Bedarf weiter zu vermehren.

Bei den beliebten Sonnenhüten (*Echinacea purpurea* und andere) kam es in den vergangenen Jahren zu einer wahren Schwemme von neuen Züchtungen mit einer breiten Palette an Blütenfarben und -formen. Es gibt gefüllte Blüten wie ein Pompon bei der purpurrosafarbenen Sorte 'Razzmatazz' oder etwas exotischer in Dunkelorange bei 'Hot Papaya', dann Blütenblätter in Tomatenrot unter dem passenden Namen 'Tomato Soup' oder bunte Saatmischungen, wie 'Butterfly-Sonnenhüte' und 'Paradiso'. Viele neue Formen entstanden als Hybriden zwischen den verschiedenen Arten, die sich willig miteinander kreuzen lassen. War das Sortimentsangebot an Sonnenhüten bis Ende der 90er Jahre noch eher bescheiden und überschaubar, scheint eine immer günstiger werdende In-Vitro-Vermehrung die Vermarktung ständig neuer Formen zu begünstigen. Zu Beginn dieser Schwemme um die Nullerjahre herum stürzten sich Gärtner wie Gartenbesitzer auf alle neuen Highlights und wähnten sich im *Echinacea*-Himmel. Nur wenige fanden es verdächtig, dass diese zumeist in großen 1,5- bis 3-Liter-Containern angeboten wurden. Prächtig vorgezogene Pflanzen fanden ihren Weg ins Beet, blühten eine Saison und bauten danach mit einer gewissen Regelmäßigkeit ab. Wer aus verschiedenen Quellen ein und dieselbe Sorte bezog, konnte ganz unterschiedliches Wuchsverhalten beobachten und den Eindruck gewinnen, es handele sich um völlig verschiedene Kultivare. Höhepunkt dieser Marktverwirrung war das Gerücht, dass *Echinacea* eh nur kurzlebig und viele der neuen Sorten einjährig wären. Ein Gerücht, dass auf viele neue Sorten tatsächlich zutrifft, weswegen seriöse Gärtnereien wieder dazu übergegangen sind, nur noch langlebige Sorten zu führen.

Für die eigene Testpflanzung mit erwünschter Selbstaussaat wurden neben dem bekannten Purpur-Sonnenhut (*Echinacea purpurea*) und der weißen Form 'Alba' auch die Arten *E. pallida* und *E. paradoxa* mit ihren hängenden Blütenblättern, sowie *E. angustifolia* und *E. tennesseensis* auf einem kleinen Beetstück aufgepflanzt. Kurz nach der Samenbildung wurde dieses Beet gejätet und der Boden mit einem Grubber leicht geöffnet.

Da es sich bei Sonnenhüten um sogenannte Kaltkeimer handelt, war erst im zeitigen Frühjahr mit den ersten Sämlingen zu rechnen. Weil *Echinacea* im jungen Austrieb gerne Opfer von Nacktschnecken werden, musste der Boden in diesem Beetteil mittels Grubber offengehalten werden und eine sonst übliche, Wildkraut unterdrückende, Mulchschicht unterbleiben, da diese den Nacktschnecken Unterschlupf und Schutz gewährt.

Zur Blüte im Sommer konnten die Sämlinge auf Blütenfarbe und -form, Wüchsigkeit sowie Standfestigkeit geprüft werden. Attraktive und interessante Pflanzen wurden zur späteren Vermehrung mit einem Pflanzschild markiert, weniger attraktive Exemplare konsequent gejätet. Dabei können auch bizarre Blütenformen durchaus ihren Reiz haben. Die zur Vermehrung vorgesehenen Pflanzen lassen sich am besten kurz nach dem Austrieb teilen. Dazu werden sie mit einer Grabegabel vorsichtig ausgegraben und mittels eines Messers in Teilstücke zerlegt. Nun können sie entweder direkt gepflanzt werden oder in Container getopft. Diese Arbeiten sollten eher an kühlen, nicht sonnigen Tagen vorgenommen werden, da die Teilstücke sehr schnell austrocknen können und dann geschwächt sind.

Die *Echinacea*-Hybride 'Tolerance' hat kurz gerollte, grüne Blütenblätter mit weißem Rand. Aus der Blüte treiben weitere Blüten hervor. Diese Mutation hat sich unerwartet an einigen Stellen im Garten als vergleichsweise langlebig und konkurrenzstark erwiesen. Obwohl sie immer wieder Aufmerksamkeit weckt, darf bezweifelt werden, dass sie im Markt eine Chance hätte.

Das erste Jahr

Der Blick auf einen Teil der Testpflanzung zeigt, dass sich nach 6 Jahren Sonnenhüte mit *Echinacea purpurea*-„Blut" durchgesetzt haben. Von den einst gepflanzten Sorten leben noch 'Fatal Attraction' (zu erkennen an den dunklen Stielen) 'Ruby Giant', 'Alba' und 'Green Jewel'.

ZEITPLANUNG UND RESSOURCEN

Zu Beginn einer Gartenplanung stellt sich oft eine Reihe von Fragen. Sie betreffen das Budget, die mögliche Eigenleistung, die Suche nach geeigneten Lieferanten und Gewerken für Planung und Ausführung, denn regelmäßig gibt es dabei Arbeiten, die besser an Profis delegiert werden. Auch wenn Heimwerkermärkte und diverse Do-it-yourself-Foren im Internet eine Abkehr von den teuren Gewerken propagieren und Erstere lieber minderwertiges Werkzeug und Materialien mit höheren Margen an Eigenheimwerker abgeben, sollte man sich gut überlegen, ob man nicht lieber in einer arbeitsteiligen Gesellschaft leben möchte. Der Gewinn davon sind Wege, die auch nach 20 Jahren nicht absacken, oder Schwimmteiche, deren Konzept sich über Jahre bewährt hat und die nicht jedes Jahr mehrmals umkippen.

WEGE – ZWISCHEN FUNKTIONALITÄT UND ÄSTHETIK

Der Autor und seine Lebensgefährtin standen im Winter 2011 vor dem halben Hektar ehemaligen Ackerlands, welches sie in einen parkähnlichen Garten verwandeln wollten. Da sämtliche Stauden und Gräser aus eigener Vermehrung stammen sollten, beschränkte sich das erforderliche Budget auf den Einkauf der Gehölze und Rosen sowie das Auskoffern der Wege und deren Befüllen mit Holzhäcksel. Diese Häcksel entstehen beim Rückschnitt oder Roden von Gehölzen.

Hierzu wurden die Konturen der geplanten Wege mit Trassierband ausgelegt, um dann den Mutterboden gut 30 cm tief mit einem Radlader auszuheben. Dieser Erdaushub wurde direkt auf den Beetflächen ausgebracht. Einige GaLaBau-Betriebe empfehlen, unter dem Häcksel eine Wurzelfolie auszulegen, damit sich das Wegematerial (statt Häcksel hätte sich auch Kies angeboten) nicht mit dem Boden vermischt und Wildkräuter, wie Ackerschachtelhalm oder Ackerwinde, nicht aus dem Untergrund in die Wege eindringen können. Da es sich bei Holzhäckseln um ein verrottendes Material handelt, das alle Jahre nachgefüllt werden muss, konnte auf das Einbringen sehr großer Mengen Kunststoff leicht verzichtet werden.

Bei der Planung einer Wegeführung stehen zwei Anforderungen im Fokus: die Arten der Nutzung und ästhetische Gesichtspunkte. Werden bestimmte Teile des Gartens nicht einmal mehr mit einer Schubkarre erreicht, wird es schwierig, von dort oder dorthin Materialien, Kompost oder Arbeitsgerät zu transportieren. Neben diesen rein funktionalen Erwägungen fordern die ästhetischen Fragen eine viel größere Fantasie und Vorstellungskraft bei der Planung.

Das erste Jahr

Der von Blauer Katzenminze (*Nepeta* × *faassenii* 'Walkers Low') und Herbst-Kopfgras (*Sesleria autumnalis*) gesäumte Weg verläuft in einem Bogen quer zur Sichtachse, und bereits Anfang Juni lässt sich sein späterer Verlauf nur noch erahnen. Er verliert sich quasi in der Pflanzung und wird hier nicht unterstützender Teil einer Blickachse.

Ein gerader Weg mit einem seitlich verstellten Blick erwartet im besten Falle einen Blickpunkt auf der Verlängerung der Achse, quasi als Pointe der Geraden, auch wenn das Objekt auf diesem Wege gar nicht erreichbar ist.

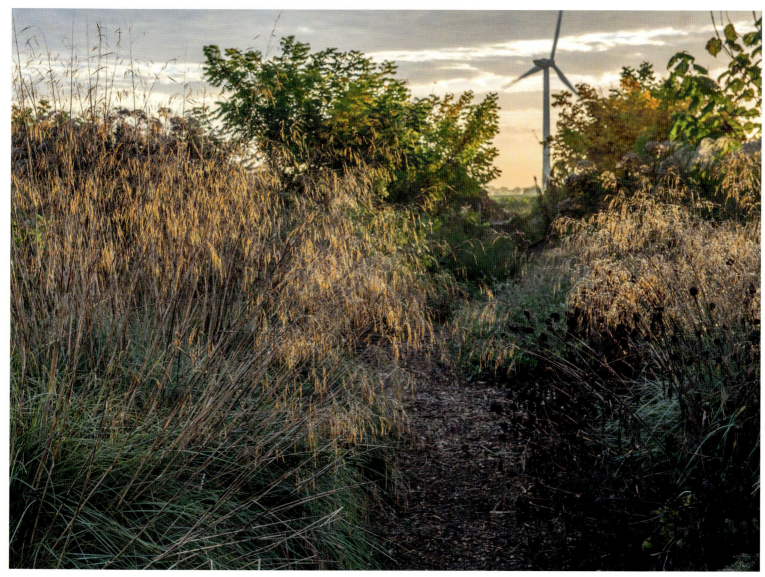

„Es ist oft eine Sache
der Intuition.
Ein Gefühl
der persönlichen
Pflanz-Rhythmik, wie
und was man wo pflanzt.
Etwas vom Innen
fürs Aussen."

Kapitel 2
TRENDS, INTUITION, LEHRBUCH- WISSEN

Bei der Suche nach dem eigenen Garten gilt es sich frei zu machen von sämtlichen Bildern und gesehenen Ideen vom Garten. Die Gartenkultur in Deutschland befindet sich großflächig auf einem derart beklagenswerten Niveau, dass jeder Gedanke, der in den Garten fließt und der über die ausschließlichen Fragestellungen der Spießer nach „Sichtschutz" und „Pflegeleichtigkeit" hinausgeht und konzeptionelle Fragen zur Gestaltung zulässt oder gar neu denkt, einen Lichtblick bedeutet. Es gibt sie, die Perlen privaten Engagements, von denen sich einige an Tagen der offenen Gartenpforte an die Öffentlichkeit trauen – aber auch in diesem überquellenden Angebot wollen sie gefunden werden. Die oft gesehenen Gärten und Parks der Wagnerianer, der Freunde des Spätbarocks oder gar die Gärten des Klassizismus mögen erhaltenswert sein, dienen aber kaum noch als Quelle von Inspiration. Zumeist sind ihre Besitzer damit beschäftigt, die historischen Buchsparterre zu erhalten, die Pracht und den Prunk ihrer Vergangenheit entfalten sie jedoch nur noch sehr selten.

Bevor sich der Autor nun noch dem Klagelied wider die Postmoderne hingibt, sei hier nur die Frage erlaubt, seit wann der Mut zur Moderne in der Gartenkultur so völlig abhandenkommen konnte und warum?

ÖKOLOGIE UND ÖKONOMIE

Bei einer näheren Betrachtung des Gartens als eigener Lebens- und Wirtschaftsraum (immerhin fließen Gelder und Arbeit hinein) offenbaren sich früher oder später die Zusammenhänge zwischen Ökologie und Ökonomie – zwei Disziplinen, die im übrigen Leben oft künstlich voneinander entkoppelt wurden, da ökologische Folgen in der Regel nicht von den ökonomisch Handelnden, sondern von der Allgemeinheit geschultert werden. Diese Trennung existiert im eigenen Garten nicht. Wer hier permanent gegen die Natur arbeitet, muss z.B. künstlich bewässern – weil Pflanzen mit hohem Wasserbedarf ausgesucht wurden, muss viel mehr Zeit in Pflege investieren – weil zu viel offener Boden gelassen wurde, muss ständig nachpflanzen – weil für den Standort unpassende Pflanzen verwendet wurden, muss Pflanzen vor dem Winter schützen – weil man das Exotische liebt, um dann vielleicht noch zu erkennen, dass weniger Insekten auf den Windschutzscheiben verenden und Vögel kaum noch mit ihrem Gesang am Morgen stören. Von

Biene im Anflug auf Kandelaber-Ehrenpreis.

Fledermäusen, Lurchen oder Fröschen mal ganz zu schweigen. Damit stecken wir bereits tief drin in einem Konflikt, der gerne mit den Zeigefingern geführt wird. Bei den einen ist er erhoben, bei den anderen stecken beide in den Ohren. Der kritische Blick auf aktuelle Moden bei Gärten, insbesondere bei Vorgärten, offenbart, dass der Wunsch vieler Gartenbesitzer nach pflegeleichten Anlagen nicht in einem Garten mündet, sondern in der An- und Aufschüttung von Baustoffen wie Kies, Schotter oder Splitt, oft wild kombiniert, gelegentlich mittels Gabionen zu Vertikalschotter aufgetürmt. Dabei geht der Trend klar weg von der Pflanze.

Ein richtiger Gravel Garden ist gar nicht so leicht zu erkennen, da sich die Steine unter den Pflanzen verbergen.

Solche mal japanisch, mal einfach nur blöd anmutende Alternativen zu einem Garten erfordern ähnliche Investitionen wie das Anlegen eines klassischen oder modernen Staudengartens. Was gerne übersehen wird, sind die Folgekosten. Auch auf einer Steinschüttung finden sich Laub und mit der Zeit auch Wildkräuter ein. Dann beginnt das Absaugen, Jäten oder Abspritzen mit dem beliebten Round Up. Da oft minderwertige Pflanzfolien unterhalb des Schotters eingesetzt werden, tritt gerne auch mal der Ackerschachtelhalm zu Tage, für den es im Hobbygartenbau kaum ein wirklich wirksames Mittel gibt. Irgendwann nehmen durch Erosion und Regen die sogenannten Nullanteile im Schotter zu und viel mehr Wildkräuter können sich ansiedeln. Sollten dann noch Lebewesen wie Regenwürmer dort vorkommen, sorgen diese langsam aber sicher für eine Durchmischung der Schüttung mit der darunterliegenden Erde. Spätestens dann dürfte entweder eine kostspielige Sanierung anstehen, weil die Schüttung entsorgt werden muss, oder es werden nun doch Pflanzen gesetzt, die mit diesem Standort – Geröllhalde – zurechtkommen.

Ein interessantes Phänomen bei Moden, die überhandnehmen, ist die Phase, wenn die allgemeine Stimmung kippt, weil die Hässlichkeit sichtbar wird und die Akzeptanz schwindet, da sich die Konzepte als nicht so nachhaltig im monetären Sinne erwiesen haben. Ein deutliches Signal für diesen Umschwung ist das Briefing für die Kinder der Schottergartenbesitzer, auf Spott oder Kritik mit den Worten: „Das muss nicht jedem gefallen", zu antworten, dramaturgische Pause, „aber uns gefällt's!" .

In der Natur kommen offene Flächen ohne Pflanzen nur sehr selten und nur kurze Zeit vor. Selbst auf Geröllhalden findet sich mit der Zeit Vegetation ein, weil Samen über Tiere oder den Wind dorthin getragen werden. Auch im urbanen Raum sind brachliegende Flächen oder leerstehende Baugrundstücke innerhalb von wenigen Monaten begrünt. Ein Ankämpfen dagegen erfordert die permanente Störung des Bodens (etwa durch Baufahrzeuge) oder den Einsatz von Herbiziden.

Der damit einhergehende Aufwand, die künstliche Situation der oben beschriebenen Stein- und Kiesgärten gegen ungewollten Bewuchs zu verteidigen, erfordert einen deutlich höheren Preis als die Pflege einer intelligenten Pflanzung. Der einzige Vorteil, den sie haben: Einen Laubsauger und eine Pestizidspritze kann jede ungelernte Aushilfe bedienen.

DIVERSIFIKATION UND INVASION

Widmet sich der bereits beschriebene New German Style einem sehr an der Pflanze und ihren konkreten Bedürfnissen orientierten Ökologiebegriff, so gibt es durchaus noch strengere Gartenbewegungen, deren integrativer und engerer Ansatz mehr oder weniger konsequent, andere würden sagen extrem, dem Natur- und Ökologiebegriff der Naturschutzbewegungen nahesteht. Viele dieser Organisationen, die im Bereich Umwelt-, Naturschutz und verwandten Themen aktiv sind, investieren gerne in ihre Bildungsarbeit. Man gehört schließlich zu den „Guten" und je nach Temperament und religiösem Background ergibt sich die Mission fast von selbst. Gerade auch die Jüngsten sind dabei eine interessante Zielgruppe, da sich ihnen Wissen und Erkenntnisse viel leichter und nachhaltiger vermitteln lassen.

So lässt sich beobachten, dass bereits Grundschulkindern beigebracht wird, wie Neobiota, wahlweise verkürzend gleichgesetzt mit „Exoten", „fremdländischen Arten", „eingeschleppten Arten" oder „Immigranten" (nur das Wort „Asylanten" fand sich bisher in keiner Quelle), gerne als sogenannte „invasive Arten" um „Ressourcen" mit den (ein-)heimischen Arten konkurrieren. Häufig wird auch die Formulierung gebraucht, dass sie den „heimischen Mitbewohnern" den „Lebensraum streitig machen" oder zumindest „nutzlos" seien. In einer differenzierteren Betrachtung wird gelegentlich sogar klargestellt, dass nicht alle Neobiota invasiv sind und einigen wird sogar ein „ökologischer" Nutzen attestiert (sehr lesenswert hierzu ist das Buch „Wandernde Pflanzen" von Wolf-Dieter Storl).

Nun diskutieren Sie, oder stellen es sich nur vor, mit solchen Leuten einmal eine Pflanzliste für Ihren Garten und definieren Sie dabei, was „heimische Pflanzen" in diesem Zusammenhang sind. Solche aus einem definierten Umkreis von 7, 50 oder gar 100 Kilometern? Danach filtern Sie alle heraus, die erst in den letzten 500 Jahren hinzugekommen sind. Stellen Sie sich nun vor, Sie wohnen nicht am Omei Shan, einem extrem artenreichen Berg in der chinesischen Provinz Sichuan, sondern in einem völlig von flurbereinigter Landwirtschaft geprägten Gebiet, wo man die Natur eigentlich erst wieder heimisch machen oder auch nur zulassen müsste. Die Pflanzenauswahl wäre so bescheiden, dass sich das Gärtnern kaum lohnen dürfte.

Um die Fragestellung einmal zu versachlichen, lohnt ein Blick auf den eigentlichen Sinn von Naturschutz: die Bewahrung von Vielfalt und heute leider immer mehr die Wiederherstellung und Erlangung von Natur. Unter Natur verstehen viele Menschen auch den Kulturraum Garten. Im günstigsten Falle bietet er zahlreichen Tieren, vom Regenwurm über Hummeln bis zu Vögeln, Nahrung und Schutz. Und es ist nicht bewiesen, dass sich dieser Zustand nicht auch mit vielen fremdländischen Pflanzen erreichen ließe.

Dabei ist es außerdem nicht erforderlich, eigene Ansprüche an Ästhetik und Gestaltung zu vernachlässigen. Ganz im Gegenteil.

Ein Garten hält im besten Falle zahlreiche Angebote für die Tierwelt bereit, wenn man sich im Zweifel für hierzu geeignete Pflanzen entscheidet. Unter diesen Pflanzen befinden sich auch zahlreiche Exoten, die sich in den letzten Jahrzehnten als Nahrungspflanzen für zahlreiche heimische Tiere erwiesen haben. Viele Gärtnereien und Planungsbüros verfügen über dieses Wissen, das aber viel zu selten abgefragt wird.

Im Ruderalen Beet, links im Bild, wurde systematisch nach im Boden bereits vorkommenden Stauden gesucht, hier fand sich der Purpur-Fingerhut.

ITERATIVE DUMMHEIT

Viele heimische oder heimisch gewordene Pflanzen werden als spontane Vorkommen im Garten oft als Plage wahrgenommen. Diese einseitige Sicht mündet alljährlich zu denselben Zeiten in den immer gleichen Tätigkeiten: Jäten, Hacken, Flämmen oder Wegspritzen, und danach wird vielleicht noch Rindenmulch ausgebracht. Immerhin wurden dort eigene Pflanzen gesetzt und Gartenbesitzer pflegen selbst zu bestimmen, was bei ihnen wächst. Dabei wird nicht selten übersehen, dass diese oft kurzlebigen Pflanzen über eine eigene Schönheit verfügen oder eine Botschaft transportieren, die kaum beachtet und noch seltener verstanden wird. Gerade vor der Anlage eines Beetes oder Gartens kann der fachkundige Blick auf die vom Gartenbesitzer zugelassene Vegetation helfen, die lokalen Standortbedingungen zu erkennen. Es mag viel verlangt sein, im ersten Jahr nur die sogenannte Ruderalflora oder eine für den Standort geeignet erscheinende Einsaat zu beobachten. Letztere hilft zum Beispiel nach dem Neubau eines Hauses, das Budget für den Garten im ersten Jahr gering zu halten, ohne dass auf Pflanzen verzichtet werden muss. In dieser Zeit kann dann beobachtet werden, ob sich sogenannte Zeigerpflanzen einfinden, die etwas über die Standorteigenschaften und die Bodenverhältnisse aussagen. Je besser diese erkannt werden, umso eher findet man für die jeweilige Situation im Garten die richtigen Pflanzen. Wer sich z.B. einen mediterranen Garten mit Lavendel, Salbei, Seidenbaum, Absinth, Kleinem Seifenkraut, Langjährigem Klee oder Binsenlilie wünscht, wird das vielleicht noch einmal überdenken, wenn dort zwei Meter hohe Brennnessel und Melde auf einen hohen Stickstoffgehalt und eher frische Böden hinweisen. Und wer erkennt, dass an den Stellen, wo ständig der Bagger rangierte, kaum Pflanzen gedeihen, weil der Boden zu stark verdichtet wurde, der könnte diese Stellen nun einfacher auflockern, als wenn dort bereits zahlreiche Gehölze oder Rosen gepflanzt wurden.

Aber zurück zur immer wiederkehrenden Jäterei, die interessanterweise ein feminines und selten verwendetes Substantiv, Jätung, und ein geläufigeres, maskulines Jäten kennt. Wer diese Pflegearbeiten auch nach mehr als drei Jahren immer noch mit derselben Intensität und Häufigkeit ausführt, mag diese Tätigkeit und hat nichts Besseres vor. Oft ist bei diesen Menschen auch zu beobachten, dass sie gerne Stauden teilen und damit ihr Bild von der Pflanzung erhalten. Das mag eine eigene Tugend und – hin und wieder tatsächlich erforderliche – Kulturleistung sein, verbietet sich aber, wenn die Interessen nicht ausschließlich dem Garten gelten.

Wem die immer mal wiederkehrende Brennnessel an einer Stelle im Beet nicht gefällt, der könnte nach ihrer Beseitigung dort auch eine Staude mit vergleichbaren Eigenschaften pflanzen. Indianernesseln würden sich anbieten. Sie treiben zu einer ähnlichen Zeit aus und besitzen auch einen gut ausgebildeten Ausbreitungsdrang.

PFLEGEVERZICHT

Pflege wird allgemein als negativ konnotiertes Wort empfunden, zumindest in seinem üblichen Kontext, wie Krankheit, Alter und die Beseitigung von Missständen. Im Garten wäre das ein Entfernen von Verkrautung und unschönen Details. Sehen wir einmal vom therapeutischen Nutzen und sonstiger Schönrederei der Gartenarbeit ab und stellen die ketzerische Frage: Lässt sich auf Pflege im Garten auch verzichten?

Das sehr robuste Herbst-Kopfgras – *Sesleria autumnalis* – bringt lange ein frisches Grün in die Pflanzung, hier unter der Damaszener-Rose 'York and Lancaster', von der 5 Exemplare gesetzt wurden. Die Aufnahme zeigt diesen Bereich im Juni 2016.

Dreieinhalb Jahre nach der Pflanzung – das Beet erreicht im September auch ohne jede Pflege und Rückschnitt seinen jährlichen Höhepunkt, wenn der Kerzenknöterich (*Bistorta amplexicaulis* 'Fine Pink') und die *Sanguisorba*-Hybride 'Blackthorn' in voller Blüte stehen.

Trends und Lehrbuchwissen

Bienen- und Hummelweide – Echter Ziest *Stachys officinalis* 'Hummelo'.

[1] Einen aktuellen Stand in Forschung und Anwendung vermitteln Heinrich und Messer in „Staudenmischpflanzungen".

Konkret stellt sich diese Frage natürlich nicht bei Rasenflächen oder unversiegelten Wegen. Hier dürfte klar sein, dass diese künstlichen Bereiche – mittel- und langfristig sich selbst überlassen – nicht von Bestand sein können. Aber Rabatten oder Beete könnten theoretisch auch ohne Pflege auskommen, wenn sie nach ökologischen Erkenntnissen konzipiert wurden. Angesichts des Aussterbens von Garten- und Pflanzen-Know-how ist es auch eine interessante Vorstellung, attraktive Grünflächen zu gestalten, um diese sich selbst zu überlassen. Im Bereich des öffentlichen Grüns gibt es hierzu sehr interessante Ansätze mit den sogenannten Staudenmischpflanzungen[1]. Verkürzt zusammengefasst sind das auf bestimmte Regionen und Standorte abgestimmte Pflanzenkombinationen, die mit geringem Know-how anzulegen und mit wenigen, möglichst leicht zu erlernenden und festgelegten Arbeitsschritten zu pflegen sind. Auch wenn sie dabei helfen können, attraktivere Pflanzungen im öffentlichen Raum zu ermöglichen, erfordern sie zumindest bei Auswahl und Aufbau fachliches Wissen. Bei der Pflege tragen sie eher noch dazu bei, dass Pflanzenwissen abhandenkommt.

Nachdem der Autor einen über drei Jahre angelegten Kundengarten nach dem Wegzug der Kundin an dem nun leer stehenden Haus ohne weitere Betreuung sah, kam die Idee auf, eine Beetfläche nach der Pflanzung und einer ersten Starthilfe sich über Jahre hinweg selbst zu überlassen. 2011 wurde hierzu auf einer 160 Quadratmeter großen Beetfläche ein eigener Mix an Pflanzen zusammengestellt und gepflanzt. Die Abstände wurden hierbei verringert und der Boden nach der Pflanzung mit einer 10 Zentimeter dicken Schicht Rindenmulch abgedeckt. Im ersten Jahr wurde eine Brennnessel, die bei der Beetvorbereitung offensichtlich übersehen wurde, gejätet. Ansonsten wurde dieses Beet drei Jahre nicht betreten. Im vierten Jahr erfolgte ein Rückschnitt und aufkommender Quecke wurde mit der Grabgabel zu Leibe gerückt.

Juni im zweiten Jahr – Die Samenstände des Echten Ziest links hinten fallen in Kürze mit dem Aufkommen der Blüte in sich zusammen, während sich jene von *Sanguisorba* 'Blackthorn' als sehr haltbar erweisen. Kerzenknöterich hingegen fällt mit dem ersten harten Frost in sich zusammen und hinterlässt so keine Spuren des Vorjahres.

Juni im fünften Jahr – Die *Gallica*-Rose 'Complicata' hat sich hervorragend in die Stauden- und Gräserpflanzung integriert und ist völlig gesund. Davor sind die Samenstände der *Sanguisorba* vom Vorjahr zu erkennen.

Nach stärkeren Regenfällen lagern auch die sonst so Standfesten, während im Vordergrund der Kerzenknöterich *Bistorta amplexicaulis* 'Janet' bereits Mitte September abbaut. Allerdings remontiert er sehr gut und kann je nach Witterung bis zum November blühen.

Es dominieren die Herbstfarben von Kerzenknöterich und *Sanguisorba* im Kontrast zum immer noch frischen Laub von Herbst-Kopfgras und dem dunkleren Grün des Schwachgekrümmten Liebesgrases (*Eragrostis curvula*).

Trends und Lehrbuchwissen

„Die schönsten Gärten lassen den Besucher vergessen, dass sie gestaltet wurden. Für einen Gartenplaner gibt es kaum eine höhere Anforderung."

Kapitel 3
GESTALTUNG IM DETAIL

Widmen wir uns nun den Blicken auf und durch den Garten. Damit ist weniger der Blick auf Pflanzen und Beete gemeint, eher der den Garten imaginierende. Was einigen die Vorstellungskraft ermöglicht, wollen andere als Aufriss gezeichnet vor sich liegen sehen, und wieder andere benötigen das betretbare Beispiel, was teilweise als sogenannte Mustergärten tatsächlich angeboten wird. Das birgt natürlich immer die Gefahr, ein vordefiniertes Konzept und somit eher einen sehr konformen Garten zu erhalten, der auch nicht unbedingt optimal für den vorhandenen Standort geeignet sein muss. Wer mit diesen „Gefahren" gut leben kann, möge mit einem solchen Angebot glücklich werden. Alle anderen werden nicht umhinkommen, sich in die konzeptionelle und planerische Auseinandersetzung mit Gärtnern und Planern zu begeben – oder selbst welche zu werden. (Als interessanter und professioneller Einstieg sei hier nur das Buch „Zeichnen in der Gartengestaltung" von Daniel Nies empfohlen. Weitere empfehlenswerte Bücher zu Gartengestaltung und Kultur finden sich in der Literaturliste.)

Hier soll es nun darum gehen, die oft gesehenen Moden und Selbstverständlichkeiten einer kritischen Betrachtung zu unterziehen. Fragt man nämlich einmal Gartenplaner ganz im Vertrauen, abseits aller Kunden, wie es um die deutsche Gartenkultur denn in Wahrheit so bestellt sei, hört man lautes Schweigen bei den höflichen und dezenteren Zeitgenossen. Alle anderen schreien, weinen, beißen in Tischkanten oder verlieren sich in Hasstiraden, wie man sie sonst nur noch in diesen sogenannten sozialen Netzwerken antrifft. Kommt dann die Sprache auf typische Kundenwünsche nach „Sichtschutz", „pflegeleicht" oder gar den beliebten „Gravel Garden", offenbaren sich Abgründe. Man möchte glatt zum Psychotherapeuten umschulen, denn mit gut 20 Gartenprofis als Klienten dürfte man ausgesorgt haben. Fest steht, dass es großen Teilen des Berufsstands extrem schwerfällt, nachhaltige, ästhetisch wertvolle Pflanzungen und zur Architektur wie zur Umgebung passende Gärten an die Kunden zu bringen. Die anderen wollen das erst gar nicht.

"Wäre der Wunsch nach Privatsphäre auch bei den Computern der Gartenbesitzer ähnlich ausgeprägt, gäbe es keine Vorratsdatenspeicherung."

ABKEHR VOM HORTUS CONCLUSUS

Der Garten wird oft als eingehegtes, privates Paradies idealisiert und totaler Sichtschutz verhindert den Dialog mit der Umwelt, selbst den kritischen.

Die drei wichtigsten Faktoren einer Immobilie sind die Lage, die Lage und die Lage. Was dabei oft vergessen wird, sind die möglichen Veränderungen einer Lage, durch Neubauten, Windkrafträder, Flaggen der Nachbarn oder gar deren Schallemissionen. Dabei reduziert sich die Idee vom Garten oft zu einem Aufenthaltsraum, der frei sein soll von all den Belästigungen der Umwelt. Als schlimmste Belästigung wird dabei oft die Einsichtnahme anderer in den eigenen Garten empfunden, sei es nun die durch Nachbarn oder von Passanten. Man möchte zu Hause nicht beobachtet werden, wenn man sich der Faulheit, der Gartenarbeit oder dem Grillsport widmet.

Auch wenn dieser Wunsch verständlich erscheint, sollte man sich gut überlegen, ob man sich selber in seinem eigenen Garten gänzlich umzäunen, jeder Aussicht berauben und quasi selbst zum Gefangenen unter freiem Himmel machen möchte. Der Gang in den Garten verkommt dann nämlich zum Hofgang.

Wenden wir uns einmal ab von all den Hecken, Gabionen mit Vertikalschotter oder Sichtschutzwänden aus Beton oder Holz, die einen Garten einfassen können, wo der Jägerzaun nicht mehr reicht, um für die notwendige Distanz zu sorgen.

Denn die meisten Gärten sind groß genug, um zum Beispiel vornehmlich eine gemütliche Sitzgruppe vor den Blicken anderer zu schützen.

DER VERSTELLTE BLICK

Der Blick auf die Terrasse mit Sitzgruppe am Haus wird verstellt durch eine gestaffelte Anordnung von Gehölzen und einigen höheren Stauden und Gräsern. Links sind das der innerhalb einer Wurzelsperre wachsende Bambus *Phyllostachys vivax* 'Aureocaulis' und der Sämling einer Felsenbirne, der alle 2 Jahre auf den Stock gesetzt wird. Hinter dem Kerzenknöterich in der Mitte folgt das halbhohe Chinaschilf *Miscanthus sinensis* 'Yakushima Dwarf'. Darüber hinaus ragen die Blütenstände von *Stipa gigantea*, welches zusammen mit einem Lampenputzergras, *Pennisetum alopecuroides*, auf einem hügeligen Steinbeet steht. Am Fuße der Trockenmauer zu diesem Beet stehen hohe Wiesenknöpfe und Kerzenknöteriche. Rechts daneben schließt sich ein Gehölzsaum mit einer Kupfer-Felsenbirne (*Amelanchier lamarckii*) und einer rotlaubigen Blut-Hasel (*Corylus maxima* 'Purpurea') an.

Der Blick von der Sitzgruppe hingegen ist teilweise offen, in der Mitte bis in die Landschaft hinaus und nur nach links zum Eingang in den Garten durch gestaffelte Stauden, Gräser und Gehölze verstellt, ohne dass dabei die Wirkung einer Wand oder eines Zauns entsteht. Zum Nachbargrundstück auf der rechten Seite wird der Blick von der Hohen Sommer-Aster (*Doellingeria umbellata*), Kandelaber-Ehrenpreis (*Veronicastum virginicum*) und einem hohen Chinaschilf verstellt.

Am Rande sei angemerkt, dass die hier gezeigten Rasenstreifen nur dadurch entstanden sind, dass die als Wege vorgesehenen Flächen regelmäßig mittels eines gut 35 Jahre alten Rasenmähers gemäht werden. In Arbeitszeit pro Quadratmeter gerechnet sind das die aufwendigsten, um nicht zu sagen teuersten Flächen im gesamten Garten. Eine gut geplante Staudenpflanzung mag in den ersten Jahren etwas kostspieliger sein, da die Anschaffung der Stauden stärker zu Buche schlägt und die Pflege noch regelmäßige Jätearbeiten erfordert. Rechnen wir einmal mit 4 Qualitätsstauden pro Quadratmeter aus einem zertifizierten Biobetrieb zu durchschnittlich 4 Euro und großzügigen 30 Minuten für Bodenvorbereitung und das Pflanzen auf einen Quadratmeter. Legen wir hier den Bruttolohn eines Gärtners mit 40,- EUR zugrunde, so kommen wir für die Pflanzung auf 36 Euro je Quadratmeter. Dauern im ersten Jahr Pflege und Rückschnitt noch 15 Minuten, sind es im zweiten Jahr dann 5 und ab dem dritten Jahr nur noch 2 Minuten. Das wären Kosten von 46 Euro im ersten, 3,33 EUR im zweiten und 1,33 ab dem dritten Jahr. Dem stehen Kosten von 15 EUR für den Quadratmeter Rollrasen gegenüber und eine durchschnittliche Pflege von 8 Minuten pro Jahr, sagen wir 20,33 EUR im ersten Jahr und 5,33 in den Folgejahren. Nach 10 Jahren ohne Lohnsteigerung wären das nun 68,33 EUR für Rollrasen und 59,97 EUR für die Staudenpflanzung, also eine Differenz von 8,36 Euro oder 16,35 DM. Bei 50 Quadratmetern beträgt die Differenz bereits 418 EUR, bei 400 Quadratmetern 3.344 EUR zugunsten der Staudenpflanzung.

Dabei haben wir doch glatt die Anschaffungs- und Unterhaltskosten des Rasenmähers nicht berücksichtigt. Wieder in Arbeitszeit ausgedrückt verursacht eine ordentliche Rasenfläche mittel- und langfristig 4-mal mehr Arbeit als eine moderne Staudenpflanzung.

Gestaltung im Detail

Ein weiteres Beispiel für Sichtschutz demonstrieren 1,90 Meter hohe Weiden-Zaunelemente, die in einem Radius von 16,5 und 19 Metern um eine Feuerstelle angeordnet sind, wobei jedes zweite Zaunelement auf dem äußeren Kreis steht. So entsteht ein Gang mit sich abwechselnden Lücken, wobei in jeder Lücke eine duftende Rose platziert wurde.

Sichtschutz spendet auch eine gemischte Rabatte mit Großstauden, hohen Gräsern und kleinen Gehölzen.

Gestaltung im Detail

TUGEND DER TRANSPARENZ

Das Riesen-Federgras (*Stipa gigantea*) wird im Garten oft in Einzelstellung, gerne vor einem dunklen Hintergrund inszeniert. Während der Blütezeit von Juni bis August entfacht es mit den ersten oder letzten Sonnenstrahlen des Tages ein goldenes Glühen, das sich durch Pflanzung in größeren Gruppen stark forcieren lässt. Obwohl es Höhen von 2 bis 2,50 Meter erreichen kann, zeigt es eine starke Transparenz, da die Blütenstände breit gefächert sind und weit überhängen können.

Lanzen-Eisenkraut (*Verbena hastata*) eingebettet in Riesen-Federgras.

Aus einem gewissen Abstand betrachtet, verstellen Gruppen des Riesen-Federgrases bereits im Juli den Blick auf Augenhöhe.

Gestaltung im Detail

Selbst große Exemplare vom Riesen-Federgras besitzen unterhalb der Blüten eine starke Transparenz, die einen Durchblick, wie hier auf Kerzenknöterich (*Bistorta amplexicaulis* 'Fat Domino') und Weißen Sonnenhut (*Echinacea purpurea* 'Alba') gewährt. Dieser Effekt ist besonders reizvoll, wenn die Stauden auf der zur Morgen- oder Abendsonne gewandten Seite stehen.

Bei vielen Großstauden mit dichtem Laubbewuchs führen erst die Welke im Herbst und der sich durch den Winter hindurch anschließende Blattverlust zu einer transparenten Wirkung, die sich bis zum Rückschnitt bewahrt. Hier gibt eine besonders imposante Großstaude, die Verwachsenblättrige Becherpflanze (*Silphium perfoliatum*), den Novemberblick auf das landwirtschaftende Umfeld frei. In Gärten sieht man die verschiedenen Silphien selten. Obwohl es spektakuläre Gestalten sind, gelten sie vielen als zu wüst, zu wenig zierend und oft als nicht standfest genug.

Gestaltung im Detail

Heben wir den Blick etwas auf Augenhöhe auf die auch nach der Blüte noch attraktiven Samenstände des Garten-Reitgrases (*Calamagrostis* × *acutiflora* 'Karl Foerster'). Seine enorme Standfestigkeit und ein sehr lang frisch wirkendes Laub begründen seine Beliebtheit als Leitstaude. Eigentlich müsste es konsequent „Leitstauden" heißen, denn ihre gerüstbildene Funktion kommt erst zum Tragen, wenn sie in größeren Stückzahlen als ein Teil der Rhythmusgruppe innerhalb der Pflanzung auftreten. Als Reihe oder Gruppe im Vordergrund verwendet, bilden sie einen Vorhang, der sich nicht öffnen muss, wenn im Sommer dahinter wachsende Großstauden zu Tage treten. Hier ist es eine Kreuzung aus Stockrose und Echtem Eibisch: *Alcalthaea* (×) *suffrutescens* 'Parkfrieden' blüht von Juni bis zum Frost in Zartrosa mit roten Staubgefäßen. Auf einem normalen, durchlässigen Gartenboden ist diese Bienenweide gut standfest und langlebig. Neben dieser Sorte gibt es noch 'Parkallee' mit hellgelben und 'Parkrondell' mit dunkelrosa Blüten. Sie stammen vom ungarischen Züchter Kovats und wurden nach der Wende auch im Westen schnell beliebt. Mit 'Parkpoesie' gesellte sich jüngst noch eine Bastardmalve mit himbeerroten Blüten dazu, die vom Gartenmeister Thomas Kimmich an der zhaw in Wädenswil ausgelesen wurde.

Gestaltung im Detail

Drüsige Kugeldistel (*Echinops sphaerocephalus*) mit Präriesonnenhut (*Ratibida pinnata*) und *Phlox paniculata*.

DIE KLEINEN VORNE, DIE GROSSEN HINTEN

Eine befreundete Staudengärtnerin berichtete von einer Kundin, die sich in der Gärtnerei bereits ein paar Stauden zusammengesucht hatte und nun Beratungsbedarf anmeldete. Die Kundin begann das Gespräch mit den Worten: „Also ich habe mir das so vorgestellt: die kleinen Stauden kommen im Beet nach vorne, die hohen nach hinten! Was halten Sie davon?"
Wie diese Geschichte ausging, ist nicht überliefert. Interessant ist nur, dass hunderte Jahre alte Gartentraditionen immer wieder neu entdeckt werden.
Dieser Teil des Buches widmet sich aber nun der Abkehr von dieser Regel, die im Übrigen nie völlig konsequent eingehalten wird. Die Begeisterung für Stauden begann beim Autor, als er über ein Jahr lang eine imposante Großstaude, die Kalifornische Aralie (*Aralia californica*), im Privatgarten eines Freundes beim Wachsen beobachtete. Das Exemplar war bereits gut 10 Jahre alt und steht in einem geschützten Gartenteil neben anderen Großstauden. Wer einen Staudengarten nach dem Rückschnitt kennt, wird sich vielleicht auch einmal die Frage gestellt haben: Kommt das alles wieder? Wer diesen Rückschnitt schon Ende November erledigt hat, kann sich diese Frage auch länger stellen, wenn all die Samenstände wie verblassende Zitate verschwunden sind und nichts mehr an die Pflanzung erinnert.

Es ist immer wieder faszinierend, wie (fast) alle Stauden und ein paar neue dazu jedes Jahr wieder heranwachsen. Besonders fasziniert dabei die enorme Dynamik im Wachstum, die Großstauden an den Tag legen können. Eine *Aralia californica*, von der man Anfang März noch nichts ahnt, kann bis zum September eine Höhe von 2 bis 3 Metern und einen Durchmesser von bis zu 5 Metern erreichen – wenn das Wetter mitspielt. Warum sollte dieser spektakuläre Auftritt in den Hintergrund einer Rabatte geschoben werden, wenn er doch inszeniert gehört?

Gestaltung im Detail

Bei vielen Großstauden, wie hier der Kalifornischen Aralie (*Aralia californica*), stellt sich die Frage nach geeigneten Pflanzpartnern, gerade wenn keine anderen Großstauden dazu gesellt werden sollen, damit sich die einzelne Pflanze mit ihrem Habitus voll entwickeln kann.

Wer im Frühjahr vor dem Austrieb keinen offenen Boden duldet, hat neben solchen Großstauden drei Möglichkeiten: früh blühende Zwiebelblumen, Waldrandstauden oder sich kontinuierlich selbst versamende Stauden und Einjährige. Hier ist es eine Hybride der Bach-Nelkenwurz, die auch gut mit Trockenheit und der Beschattung zurechtkommt, welche die Aralie im Sommer wirft. Weitere niedrige und bewährte Stauden für den absonnigen Bereich neben sich nicht ausbreitenden Großstauden sind: das Großblättrige Scheinschaumkraut (*Pachyphragma macrophyllum*), Falsche Alraunwurzel (*Tellima grandiflora*) oder Busch-Windröschen (*Anemone nemorosa*).

Sämlinge von *Echinacea purpurea* neben *Stipa gigantea*.

Hier ein etwas anderer Blickwinkel auf die Kalifornische Aralie. Mag das Fotografieren mit dem Blitz im Garten auch völlig verpönt sein, demonstriert diese Aufnahme aus zwei Meter Höhe zum Himmel doch sehr anschaulich, welch imposante Gestalt eine Aralie bereits Anfang Juli mit dem Einsetzen der Blüte ist. An den Blütenständen ist die Verwandtschaft zum Efeu zu erkennen.

Kalifornische Aralie im Austrieb neben Bach-Nelkenwurz.

Gestaltung im Detail

Das Garten-Reitgras (*Calamagrostis* × *acutiflora* 'Karl Foerster') ragt aus einem Meer von Rasen-Schmiele (*Deschampsia cespitosa*) hervor.

RHYTHMUS Der Begriff Rhythmus ist in der Gestaltung von Pflanzungen kaum geläufig. Hier meint dieser Begriff eine strukturelle Gliederung, nicht auf einer Zeitachse, sondern über die Fläche hinweg. Dabei kann dieser Rhythmus durch prägnante Blütenhöhepunkte einzelner, verteilter Stauden entstehen, sogenannter Leitstauden, die das Gerüst einer Pflanzung bilden. Oft ist Rhythmus nur subtil vorhanden, weil farblich abgestimmte Begleitstauden ihn dämpfen und verwischen. Über das Jahr betrachtet verdienen Strukturen und Formen in dieser Disziplin eine höhere Beachtung. Gerade einige Gräser ragen hier heraus.

Gestaltung im Detail

Die enorme Standfestigkeit des Garten-Reitgrases macht einen Rückschnitt weitestgehend überflüssig. Störende, weil umgeknickte Halme lassen sich leicht entfernen. Die vom Vorjahr verbliebenen Samenstände geben der Pflanzung im Frühjahr somit Struktur, die bei einem totalen Rückschnitt nicht vorhanden wäre.

Garten-Reitgras im Februar.

Garten-Reitgras und Rasen-Schmiele im Mai, nach einem Rückschnitt.

Gestaltung im Detail

Hinter einem Meer von Kugelköpfigem Lauch (*Allium sphaerocephalon*) kurz vor der Blüte türmt sich, im Austrieb noch kugelig, eine Gruppe von Purpurdost (*Eupatorium fistulosum*) auf. Neben der rhythmischen Gliederung dieses hinteren Beetes im Frühjahr tritt im Sommer der raumbildende Aspekt zu Tage, wenn der Purpurdost auf 2,50 Meter und höher angewachsen ist und für den Blick in die Innenräume nur noch wenige Fenster offenstehen lässt. In der Mitte hinten steht ein Blauglockenbaum (*Paulownia tomentosa* 'Hulsdonk') und auf der linken Seite des Weges beginnt ein kleiner Hain von Amur-Korkbäumen. Die Pflanzung auf diesem Bild ist nun 5 Jahre alt.

STRUKTUR IM RAUM DANK VERZICHT AUF RÜCKSCHNITT

Purpurdost im Winter.

Ein Raum wird in seinen Dimensionen, oder konkreter seinen Abmessungen, erfahrbar, wenn er unterteilt wird. Für das Raumempfinden sind höher gelegene Objekte, welche der Blick durch den Garten passiert, von enormer Wichtigkeit. Neben Gehölzen können das hohe Gräser und Stauden bieten. Sie geben dem Raum damit Struktur, Breite, Tiefe und sogar Höhe.

Gerade im Winter und im Frühjahr mangelt es in vielen Staudengärten an Struktur, weil der Rückschnitt zu früh und zumeist sehr konsequent erfolgte. Wozu eigentlich? Wo doch diese Jahreszeit im Staudengarten nicht viel zu bieten hat, außer Raureif, Schnee und Nebel.

Gestaltung im Detail

Chinesisches Süßholz
(*Glycyrrhiza yunnanensis*) im Nebel.

Gestaltung im Detail

Der „vergessene" Rückschnitt am Purpurdost im linken Bild deutet an, welche Strukturen noch über den Winter und das Frühjahr hinweg sichtbar blieben, um jetzt Anfang Juni die Formgebung wieder an die lebendigen Teile der Stauden zu übertragen. Neben dem Wasser- und Purpurdost eignen sich zahlreiche Großstauden und Gräser für diesen Verzicht auf einen Rückschnitt. Allerdings soll nicht verschwiegen werden, dass ein Regen- oder Hagelsturm wie auch nasser Schnee dem ganzen schönen Staudenspaß ein schnelles Ende bereiten können.

Das beliebte Chinaschilf (*Miscanthus sinensis* 'Hermann Müssel') kann dank seiner Standfestigkeit auch alle paar Jahre auf einen Rückschnitt verzichten. Der zügige Neuaustrieb Ende Mai verdrängt und verdeckt sehr schnell die verblichenen Halme des Vorjahres. Hier steht das Chinaschilf in Nachbarschaft zur Rasen-Schmiele, die auch keinen Rückschnitt benötigt. Allenfalls kämmt man sie mit dem Rechen etwas aus.

Selbst im Dezember, halb zusammengebrochen ist der Hohe Juni-Knöterich (*Aconogonon* sp. 'Johanniswolke') noch eine imposante Gestalt, mit seinen dann braunroten Stielen und den Resten der Samenstände. Als echter Riese, der höher als 2 Meter wird und mit 4 Metern enorm in die Breite gehen kann, ist sein Auftreten vorbildlich: Er wächst absolut horstig, wandert nicht und versamt sich auch nicht.

Chinaschilf (*Miscanthus sinensis* 'Hermann Müssel')

Hoher Juni-Knöterich (*Aconogonon* sp. 'Johanniswolke')

Rasen-Schmiele, Garten-Reitgras, Wiesenknopf und Purpurdost.

Gestaltung im Detail

Persicaria runcinata

OBERFLÄCHLICHKEIT IST EINE TUGEND

Der Begriff der Textur findet im Garten zumeist Anwendung bei Wegen, Sichtschutzelementen, Wandbefestigungen sowie Kies und Schotter in horizontaler Schüttung wie vertikaler Anordnung in Form von Gabionen. Aber auch im belebten Teil kommt Textur vor: im Detail zum Beispiel in der strukturierten Oberfläche eines Blattes. Aus größerer Nähe können mehrere zusammenhängende Blätter eine solche Textur ergeben, aus weiterer Entfernung verbinden sich ganze Pflanzgruppen hierzu. Typische Texturbildner sind sogenannte Bodendecker, also niedrige, gut den Boden abschließende Pflanzen, die sich entweder selbst ausbreiten oder hierzu in hohen Stückzahlen gepflanzt werden. Ein schönes Beispiel ist *Persicaria runcinata* (ehemals *P.* sp. Nepal-Form), dessen glattes, gezahntes Laub auch aus einer gewissen Distanz noch eine verquirlte Oberfläche mit gewisser Tiefe erschafft. Als Bodendecker eignet er sich für sonnige und halbschattige Stellen im Garten. Er geht zwar erst im Mai in die Fläche, um dann aber von Juli bis zum Frost zu blühen. Dabei erklettert er alles, was ihm im Wege steht und überzieht es mit einem frischen grünen Teppich und vielen rosa Blüten.

Gestaltung im Detail

Für den kleinen Garten ist die Palmwedel-Segge mit dem seltsamen botanischen Namen *Carex muskingumensis* kaum zu gebrauchen. Es sei denn, ihr Zuwachs wird jedes Jahr mit dem Spaten zurückgestutzt, denn dieser ist auf zusagendem, frischem Boden erheblich. Hinzu kommen regelmäßig vereinzelte Sämlinge. Die Palmwedel-Segge eignet sich nicht für Einzelstand. Sie möchte großflächig in Verbindung mit robusten Stauden durch die Beete mäandern. Erst im größeren Verbund bildet sie mit ihren bis oben zur Blüte beblätterten Stielen eine unregelmäßige Schraffur, die sich je nach Lichteinfall wellig über die Pflanzung erstreckt. Hier begleitet sie die ebenso robuste und duftende Auslese vom Japan-Wiesenknopf *Sanguisorba hakusanensis* 'Alster Luft'.

Es gibt kaum etwas Flauschigeres als die Oberfläche blühender Rasen-Schmiele, die hier die flächige, wolkige Textur für den herausragenden Purpurdost bildet.

War die Schraffur bei der Palmwedel-Segge noch kreuz und quer, damit auch etwas unruhig im Gesamtbild, so bietet das Herbst-Kopfgras (Sesleria autumnalis) mit seiner gleichmäßig ausgerichteten Schraffur ein ruhiges, ebenmäßiges Bild. Da es in milden Wintern ganz grün bleibt und bereits sehr zeitig im Frühjahr frisch durchtreibt, ist es eines der wertvollsten Gräser für faule Gärtner. Es sieht das ganze Jahr attraktiv aus und benötigt kaum Pflege. Alle paar Jahre mal einen radikalen Rückschnitt. Das war es.

Eine der interessantesten Texturwirkungen bietet das Tautropfen-Gras (*Sporobolus heterolepis*). Besonders stark entfaltet sich diese bei flächiger Verwendung, wobei seine dem niedrigen Laub geschuldete Transparenz Samenstände in geringer Höhe nicht gänzlich verdeckt und höhere Stauden gerne umschmeichelt. Dabei bevorzugt es sonnige, warme Plätze und wenn es einmal eingewachsen ist, reagiert es sehr tolerant auf Feuchtigkeit wie auch auf Trockenheit. Während der Blüte riecht es süßlich mit einer leichten Note nach Koriander.

„Was im Einzelstand für sich genommen ein Kunstwerk der Züchtung sein kann, verliert seinen Wert in Kombination mit anderen Pflanzen."

Kapitel 4
LIEBLINGS-PFLANZEN

Beginnen wir mit Pflanzen, die der Autor nicht leiden kann. Da wäre zum Beispiel die vor obszöner Üppigkeit oft nur prall darniederliegende Schneeball-Hortensie 'Annabelle', die nur im Korsett geschickter Stäbung den aufrechten Stand simuliert. Diese Pflanze ist so mangelhaft, dass sie nie in den Handel gedurft hätte. Auf eher marginale Marktanteile kommen hingegen die wahren Schönheiten unter den Hortensien, wie die Gesägte Hortensie (Hydrangea serrata) 'Kiyosumi' mit weißrosa bis rosa Blüten und einer wunderbaren Herbstfärbung. Oder die von Juni bis September blühende Rispen-Hortensie (Hydrangea paniculata) 'Dharuma', deren Blütenfarbe von Rahmweiß zu Dunkelrot im Herbst wechselt. Um nur zwei zu nennen.

Viele der in diesem Buch vorgestellten Pflanzen erwecken den Eindruck, als wären sie direkt aus der Natur in gärtnerische Kultur genommen worden, ohne jegliche Züchtung. Doch das täuscht etwas. Gerade bei Pflanzen, die auch über Sämlinge vermehrt werden können, hat oft über viele Jahre eine Auslese innerhalb der Gärtnereien stattgefunden. Hier ging es um das Ziel, für den regionalen Standort langlebige und attraktive Pflanzen zu produzieren.

Ein Problem stellen jedoch überzogene Zuchtziele dar, die eine Pflanze als alleinstehendes Objekt begreifen und bestimmte Details überoptimieren wollen. Was im Einzelstand für sich genommen ein Kunstwerk der Züchtung sein kann, verliert seinen Wert in Kombination mit anderen Pflanzen. Auch Solisten sollten dem großen Ganzen dienen, und solche, die ihr Solospiel übertreiben, lassen sich nur sehr, sehr sparsam einsetzen.

Dann gibt es Pflanzen, die sich wie eine Seuche in den Gärten und Parks ausbreiten, zum Beispiel die Storchschnabel-Hybride 'Rozanne', eine Staude mit sehr guten Eigenschaften. Die nützen ihr aber nichts, wenn sie in öden Gruppen- und Massenpflanzungen verschwendet wird und keine neuen Bilder entstehen.

Doch nachdem bisher Aspekte der Gestaltung im Fokus lagen, sollen nun bestimmte Pflanzen unter die Lupe genommen werden. Beginnen wir mit einer sehr interessanten und gartenwürdigen Gattung, die unter weit verbreiteten Vorurteilen zu leiden hat.

Für allgemeine Verwirrung sorgt die Namensvielfalt. Kerzenknöterich wird unter dem richtigen Namen *Bistorta amplexicaulis* ebenso gehandelt wie als *Polygonum amplexicaule* oder *Persicaria amplexicaulis*. Die Uneinigkeit unter den Staudengärtnereien über die Namensgebung für ein und dasselbe Produkt verbessert nicht gerade dessen Absatzchancen.

KNÖTERICHE

Zwei Familienangehörige, der sogenannte Japanische Staudenknöterich und der Schlingknöterich, auch Architektentrost genannt, haben eine ganze Familie in Verruf gebracht. Die Knöteriche stehen, wie keine andere Sippe aus der Staudenwelt, für wuchernde und invasive Pflanzen. Trotz permanenter Aufklärungsarbeit seitens der Gärtnerfraktion, einer Würdigung als Staude des Jahres vom Bund deutscher Staudengärtner und trotz ihrer häufigen Verwendung bei Gartenschauen erschrecken viele Menschen, wenn sie das Wort Knöterich hören. Wie auch anders, wenn selbst Wissenschaftler in den Medien verkürzt und unzulässig verallgemeinernd von Staudenknöterich sprechen und verschweigen, dass sie nur die im „Rothmaler" bedauerlicherweise als Staudenknöterich überschriebenen, invasiven Formen des Sachalin-Staudenknöterichs und des Japanischen Staudenknöterichs meinen. (Der im Übrigen knapp 150 Jahre benötigte, um seit seiner Einführung durch den Naturforscher Philipp Franz von Siebold als Gartenpflanze in Europa zum Problem zu werden.)

Angesichts des Wunsches nach pflegeleichten Pflanzungen ist es umso unverständlicher, dass die Nachfrage an Knöterichen so gering ausfällt, denn viele Arten und Kultivare besitzen zahlreiche Qualitäten und benötigen wenig Pflege.

Lieblingspflanzen

BEGUTACHTUNG KERZENKNÖTERICH

[1] Perenne ist ein Verein für Staudenzüchtung und Sortimentsentwicklung. Hier versammeln sich Staudenfachleute aus Gärtnereien, Planung, Publizistik und Forschung sowie Pflanzenverwender. Ziele sind die Erhaltung breiter Sortimente, Prüfung des Gartenwerts von Neuheiten und allgemein eine Mehrung des Wissens über Stauden. Die fachliche Begutachtung relevanter Staudenarten für die Gartenverwendung ist eine traditionelle Tätigkeit des Vereins.

Eine gewisse Popularität erlangte die Gattung der Kerzenknöteriche, *Bistorta amplexicaulis*. Das hat zwei Gründe: Bekannte Pflanzplanerinnen und -Planer verwendeten sie oft bei Pflanzenschauen und in bekannten Publikumsgärten, und einige Züchter waren sehr aktiv bei der Auslese neuer Formen. So kamen in den letzten Jahren ständig neue Sorten in die Staudengärtnereien. Die Bandbreite an Farben, Wuchshöhen und Wuchsformen vergrößerte sich und damit auch die Verwendungsmöglichkeiten.

Um sowohl Gartenbesitzern als auch den professionellen Gewerken die Auswahl zu erleichtern, hat der Verein Perenne e.V.[1] 2011 beschlossen, eine Begutachtung der Sorten im Privatgarten des Autors durchzuführen. Perenne-Begutachtungen sollen einen qualitativen Überblick über möglichst alle im Handel verfügbaren Kultivare einer Art verschaffen. Hierzu treffen sich einmal im Jahr Fachleute an der Versuchspflanzung, um ihre persönlichen Erfahrungen auszutauschen und sie anhand der blühenden Pflanzen miteinander abzustimmen. Sämtliche Sorten werden ausführlich beschrieben und nach ihrem individuellen Verwendungswert beurteilt. Mit Hilfe der Begutachtungsergebnisse soll die interessierte Öffentlichkeit über den Reichtum an Sorten mit ihren spezifischen Eigenschaften und den daraus resultierenden individuellen Verwendungsmöglichkeiten informiert werden.

Alle Kerzenknöteriche – mit wenigen Ausnahmen – sind gut bis sehr gut winterhart, reagieren aber sehr empfindlich auf Spätfröste nach dem Austrieb.

Lieblingspflanzen

[1] Die generative Höhe meint die Höhe der Blütenstände, während vegetative Höhe die Wuchshöhe des Laubs angibt.

Bistorta amplexicaulis 'Janet'

Kompakter Wuchs, Ordnung oder ein aufrechter Blütenstand sind ihr eher fremd. Seine mitteldicken Blüten sind mit etwa 13 cm vergleichsweise lang, s-förmig, lagernd und leuchten in langanhaltendem Violett-Rosa. Die Wuchsform ist aufrecht bis breit lagernd bei mittlerer bis dichter Verzweigung und guter Standfestigkeit. Mit 105 cm ist 'Janet' sehr hoch belaubt im Vergleich zur generativen Höhe[1] von nur 120 cm. Das Laub ist außergewöhnlich groß.

Die Sorte besticht durch großen Blütenreichtum in für *Amplexicaulis*-Verhältnisse fast schon frivolem Durcheinander der Blütenstände. In Verbindung mit ihrem lagernden und gleichzeitig aufrechten Wuchs scheint sie prädestiniert für eine flächige Verwendung neben standfesten Partnern. 'Janet' sollte in größeren Stückzahlen (mit 3 bis maximal 4 Exemplaren pro Quadratmeter) eher etwas in den Hintergrund gepflanzt werden. Ab Mitte September zeigt sie bereits ihr Herbstbild. Je nach Witterung remontiert sie, einmal eingewachsen, jedoch sehr gut und steht im Oktober wieder in voller Pracht. Schöne Begleiter bis in den Frost sind die *Alcalthaea*-Hybride 'Parkfrieden', *Phlomis tuberosa*, *Salvia nemorosa*, die *Sanguisorba*-Hybride 'Blackthorn' und Kombinationen mit lockeren Gräsern, wie *Eragrostis curvula* oder *E. elliottii*, sowie Kontraste mit aufrechten Vertretern, wie *Andropogon gerardii* oder *Calamagrostis* × *acutiflora* 'Karl Foerster'.

Bistorta amplexicaulis 'Blackfield'

Die Blütenfarbe von 'Blackfield', ein etwas stumpfes und dunkles Weinrot, variiert je nach Lichteinfall stark, bis hin zu einem fast düsteren Farbton. Gerade ihr interessantes Farbspiel im Licht wird durch die Bank als attraktiv und das Sortiment sehr bereichernd empfunden. In manchen Jahren blühte sie auch im November noch.

Als kompakte Sorte, die im Wuchs mit einer Höhe von 80 bis 100 cm eher kurz und schmal erscheint, erfordert 'Blackfield' eine dichtere Pflanzung und mag stützende Partner. Empfohlen werden kleinere Gruppen, eine randnahe Verwendung für die Nahbetrachtung und Kombinationen mit dunkellaubigen Stauden, wie *Persicaria microcephala* 'Red Dragon', *Rodgersia sambucifolia* 'Rothaut' und *Geranium phaeum* 'Angelina'.

Das Gerücht, diese Prachtstaude sei nicht ganz so winterhart wie andere Sorten, gilt als widerlegt. Da jedoch alle Kerzenknöteriche nach dem Austrieb als frostempfindlich gelten, empfiehlt sich eine Mulchschicht mit Laub vom Vorjahr. Da Nacktschnecken die meisten Knöteriche meiden, stellt diese hier kein Problem dar.

Bistorta amplexicaulis 'White Eastfield'
Im Vergleich zur alten Sorte 'Alba' bleibt 'White Eastfield' mit 65 bis 95 cm eher niedrig und etwas zierlicher im Wuchs. Auch dauert es etwas länger, bis sie sich am Standort gut etabliert hat. Ihre elfenbeinfarbenen, tänzelnden und leicht verzweigten Blütenstände stehen in einem schönen Kontrast zur dunkleren Laubfarbe und ihren dunklen Stielen. Nach der späten Blüte von August bis Oktober putzt sie sich gut und entwickelt eine attraktive Herbstfärbung. Das prädestiniert sie für eine Platzierung am Beetrand.

Purpurdost (*Eupatorium fistulosum*), Chinesisches Süßholz (*Glycyrrhiza yunnanensis*), Weidenblättrige Sonnenblume (*Helianthus salicifolius*), Kerzenknöterich (*Bistorta amplexicaulis* 'White Eastfield'), Rasen-Schmiele (*Deschampsia cespitosa*), Lanzen-Eisenkraut (*Verbena hastata*) und Purpur-Witwenblume (*Knautia macedonica*).

Lieblingspflanzen

'September Spires'

Bistorta amplexicaulis 'September Spires' und 'Rowden Gem'

Ähnlich wie bei Rosen ist ein Ziel der Züchtung von Kerzenknöterich, die Blütenfarbe Blau zu erreichen. Was bei Rosen schon im Ansatz bizarr und krank wirkt, mag bei Knöterichen, mit den richtigen Pflanzpartnern kombiniert, eine interessante Option sein. Einen guten Schritt in diese Richtung machen die Vertreter der sogenannten violetten Fraktion. Neben der älteren und bewährten Sorte 'Rowden Gem' von John Carter, dem Inhaber der im südlichsten Zipfel Englands gelegenen Gärtnerei Rowden Gardens, ist das auch 'September Spires' von dem belgischen Landschaftsarchitekten und Staudenzüchter Chris Ghyselen. Von ihm stammen viele der neuen Sorten von Kerzenknöterich, und er gab auch die Anregung, eine Begutachtung der Sorten durchzuführen. Kein Wunder also, das genau diese beiden Sorten ständig miteinander verglichen werden, dabei überwiegen ihre Unterschiede. Gleich ist nur die Blütenfarbe: Violett-Purpur mit einer guten, etwas kühlen Fernwirkung, wobei 'September Spires' einen Tick dunkler erscheint. Und bei beiden Sorten putzen sich die Blütenstände gut selbst, das heißt Verblühtes fällt ab und die Pflanzen bleiben attraktiv.

'Rowden Gem' hat den eleganteren Wuchs und ist nur gering verzweigt. Da sie gerne lagert, stehen die Blüten oft in unterschiedlicher Höhe, aber doch immer über dem Laub. Damit eignet sie sich für naturalistische Bilder wie wiesenartige Mischpflanzungen, gerne auch im Beetrandbereich. 'September Spires' wächst verzweigter und breit lagernd. Bei aller Eleganz ist ihre Erscheinung dominanter und erwartet kräftige, stützende Partner. Damit sind dann eher wildere Kombinationen möglich.

'Rowden Gem'

Lieblingspflanzen

[1] Wenn auf Pflanzenteilen, oft den Blättern, Zonen unterschiedlicher Färbung auftreten, nennt man das Variegation oder Panaschierung.

Bistorta amplexicaulis 'Spotted Eastfield'

Wer partout auch einen Kerzenknöterich in ein Variegationen-Beet[1] pflanzen will, findet mit 'Spotted Eastfield' eine stabile, grün-weiß panaschierte Laubform mit hell weinroter und lang anhaltender Blüte. Trotz der Panaschierung ist die Sorte sehr wüchsig und gesund. Sie wird fast einen Meter hoch und bildet eine hohe geschlossene Laubdecke. Richtig zur Geltung kommt sie allerdings nur in absonnigen, eher dunklen Partien des Gartens.

***Bistorta amplexicaulis* 'Pink Mist'**
Die schlanken Blütenähren von 'Pink Mist' stehen aufrecht, wie die ganze Pflanze, und werfen einen weißen, transparenten Schleier über die Pflanzung, mit einem Stich Altrosa. Damit vermittelt diese Sorte vorzüglich zwischen weißen und rosa Blütenfarben. Hier ist es eine Kombination mit *Sanguisorba hakusanensis* 'Lilac Squirrel' gegen Mitte September.

Lieblingspflanzen

VON BODENDECKERN UND HIMMELSSTÜRMERN

Neben den Kerzenknöterichen gibt es eine Vielzahl an speziellen Knöterichen zu entdecken, von niedrigen Bodendeckern bis hin zu Großstauden, deren kultiviertes Auftreten sie nicht nur für naturalistische Pflanzungen prädestiniert.

Hoher Juni-Knöterich
(*Aconogonon* sp. 'Johanniswolke')

Wie viele Namen hat dieser über die Traditionsgärtnerei Simon eingeführte Knöterich nur? Allein die gebräuchlichen deutschen Namen sorgen für Verwirrung: Busch-Knöterich, Staudenflieder, Himalaya-Knöterich oder Hoher Juni-Knöterich. Mag letzteres auch der „richtigste" Name sein, taugt er doch kaum zu Marketingzwecken. Denn diese Großstaude blüht nicht nur im Juni, sondern bis zum Oktober. Sein zurzeit angeblich richtiger Name ist *Aconogonon × fennicum* 'Johanniswolke', während er in Gärtnereien auch weiterhin unter *Polygonum polymorphum* 'Johanniswolke', *Polygonum polymorphum speciosum* 'Johanniswolke' oder *Persicaria polymorpha* erhältlich ist. Nun ist es gute Tradition unter Botanikern, den ursprünglichen Namen nur zu ändern, wenn die tatsächlichen Eltern genetisch bestimmt wurden oder er eindeutig einer bestimmten Art oder Unterart zugewiesen werden kann. Da keine derartige Bestimmung stattgefunden hat, verwendet der Autor den ursprünglichen Namen. Aber was macht 'Johanniswolke' so wertvoll? Die enorm lange Blütezeit wird etwas getrübt, da sie ein leichter Stallgeruch begleitet, der ein paar Schritte entfernt kaum noch wahrnehmbar ist. Mit 2 bis 2,5 Meter Höhe oft schon Mitte Mai und einer Breite, die nach einigen Jahren 4 bis 5 Meter betragen kann, erreicht 'Johanniswolke' enorme Ausmaße, obwohl sie horstig wächst, also keine Ausläufer bildet. Voluminöse Knöteriche sind bekannt. Aber wer wollte glauben, dass es dabei auch welche gibt, die sich friedlich verhalten, weil sie als steril gelten und nicht wuchern. Nur die Bruchanfälligkeit bei starken Regenfällen und Stürmen führt leider immer wieder, auch bei sehr alten Exemplaren, zu einer unschönen Erscheinung, weil zahlreiche Blütenstände abgeknickt sind. Nach solchen Vorfällen heißt das Motto: Rückschnitt und nicht schüchtern sein. Selbst wenn der Höhepunkt der Blüte bereits erreicht wurde, könnte ein starker Rückschnitt auf Hüfthöhe nicht verhindern, dass 'Johanniswolke' drei Wochen später wieder in voller Blüte steht. Es reicht allerdings auch, nur die abgeknickten Triebe einzukürzen.

Riesen-Federgras, Kerzenknöterich und Hoher Juni-Knöterich.

Hoher Juni-Knöterich mit Kerzenknöterich.

Lieblingspflanzen

***Persicaria microcephala* 'Red Dragon'**

Der „Rote Drache" ist ein Klassiker unter den Großstauden. Auch wenn er mit bis zu einem Meter Höhe eher niedrig bleibt, können einzelne Exemplare, allerdings bis zum September, einige Quadratmeter an Fläche bedecken. Dann gehen seine kleinen Rispen weiß in Blüte. Sie schweben fast über dem außergewöhnlich dunklen Laubteppich, der länglich-spitze Blätter mit einer sehr schönen, v-förmigen Zeichnung in Dunkelgrün, Dunkelrot und Silber aufweist. Diese famose Blattschmuckstaude gilt als nicht zuverlässig winterhart und sollte auch in milden Gegenden im Winter leicht mit Laub oder Reisig bedeckt werden. Im Garten kommt es immer wieder zur Versamung, die den Bestand zu sichern hilft und nie lästig wird. Mittlerweile gibt es noch weitere Sorten von *Persicaria microcephala*, die sich in der Laubfarbe unterscheiden.

Eine schöne Verwendungsmöglichkeit sind Kombinationen mit früh blühenden und danach abbauenden oder einziehenden Stauden, die vom 'Red Dragon' im Sommer überwachsen werden, wie Tränendes Herz (*Dicentra spectabilis*), Busch-Windröschen (*Anemone nemorosa*), Schachbrettblume (*Fritillaria meleagris*) oder Japanischer Waldmohn (*Hylomecon japonica*).

'Red Dragon' liebt humose und frische Standorte.

Lieblingspflanzen

Himalaya-Knöterich hinter Chinaschilf und Kerzenknöterich.

Himalaya-Knöterich
(***Aconogonon lichiangense,*** syn. ***Polygonum campanulatum* var.** *lichiangense*)
Ja, dieser Knöterich hat einen ordentlichen Ausbreitungsdrang. Er mag frische Stellen im Schatten und kommt, je feuchter der Boden ist, auch mit sonnigeren Plätzen gut zurecht. Meistens steht er aufrecht, aber wo er sich einmal hinlegt und mit seinen Knoten einwurzeln kann, tut er das auch. So können in wenigen Jahren große Bestände heranwachsen – wenn man das will oder zulässt. Er lässt sich aber auch sehr leicht im Frühjahr dort entfernen, wo er nicht wachsen soll. Das sind ein paar Handgriffe, die allerdings nicht versäumt werden wollen. Ab Juli ziert er mit seinen weißen bis leicht rosa und glockenförmigen Blüten, die zu unregelmäßigen Trauben verbunden sind und duften. Auch viele Insekten lieben ihn. Dass man ihn zurückschneiden muss, um eine zweite späte Blüte auszulösen, ist ein Gerücht. Am Niederrhein blüht er von Mitte Juli bis zum Frost. Vor extremen Wintertemperaturen und Spätfrösten sollte er geschützt werden.

Teppich-Wiesenknöterich
(*Bistorta affinis* 'Darjeeling Red')

An einem optimalen Standort macht dieser niedrige, kriechende Knöterich seinem Namen alle Ehre. Auf nicht verdichteten und frischen bis feuchten Böden bildet er dichte Teppiche und blüht von Juni bis September. Dabei verfärbt sich die Blüte im Laufe des Sommers von einem Hellrosa zu einem kräftigen Rot. Mit dem Frost friert er zurück, treibt aber zuverlässig im Frühjahr wieder aus. Ein Rückschnitt ist nicht wirklich erforderlich.

Eine begehbare Gasse in den hinteren Garten bilden zwischen Großstauden Trittsteine und der Wiesen-Teppichknöterich.

Lieblingspflanzen

Schlangenknöterich
(*Bistorta officinalis* 'Superba')

Die bekannte Auslese des heimischen Schlangenknöterich, 'Superba' hat einen kompakten Wuchs und große, dicke Ähren, die, weil sie auf einer Höhe stehen, eine kräftige Blütenwirkung haben. Diese kommt besonders bei größeren Tuffs und Gruppen zum Tragen, sie wirken dabei aber immer etwas steif.

Schlangenknöterich
(***Bistorta officinalis* 'La Chaux'**)

Seltener in Gartenkultur anzutreffen sind die lockerer wachsenden Formen der Art. Ihr Laub ist oft schmaler und die Blütenstiele sind unterschiedlich lang, wodurch die Blüte luftiger und natürlicher wirkt. Für wiesenartige Pflanzungen eignen sich solche Auslesen der Art besser, wie hier eine aus dem Burgund mit dem Namen 'La Chaux'.

Lieblingspflanzen

Die duftende Auslese *Sanguisorba hakusanensis* 'Alster Luft'.

WIESENKNÖPFE (SANGUISORBA)

Neben den Knöterichen werden zunehmend auch Wiesenknöpfe immer beliebter. Die meisten Kultivare konnten ihr natürliches Auftreten bewahren und fast alle eignen sich dank ihres lockeren Wuchses vorzüglich als Begleiter sogenannter Prachtstauden, wie Phlox, Rittersporne und selbst Dahlien. Prädestiniert sind sie allerdings als Begleiter in wiesenartigen Pflanzungen, einige können sogar kurzzeitig Hauptrollen übernehmen. Ein bisschen getrübt wird das Bild durch die bei manchen anzutreffende Tendenz, sich zu versamen und dabei nicht immer echt zu fallen. Und selbst die Gärtnereien scheinen ein Problem mit der Sortenechtheit zu haben. Aktuell sind zum Beispiel mindestens drei verschiedene Formen der *Sanguisorba*-Hybride 'Red Thunder' erhältlich. Ihre Blüten und ihr Wuchs sind sehr ähnlich, allerdings erreichen sie hier im Garten auf vergleichbaren Standorten unterschiedliche Wuchshöhen: Einmal 40, dann 80 und 120 cm. Ein und dieselbe Sorte, alle bezogen von namhaften Gärtnereien. Nun wäre es nicht schlimm, eine solche Pflanze in einer Gärtnerei zu entdecken, um damit im eigenen Garten zu arbeiten. Werden in einer Pflanzung jedoch niedrige Formen eingeplant, zerstören hohe Sämlinge schnell das gewünschte Bild oder verursachen viel Arbeit, um die Sämlinge zu identifizieren und zu beseitigen.

Die Blüten von *Sanguisorba hakusanensis* 'Lilac Squirrel' putzen sich zwar nicht, bleiben dafür aber als Samenstand noch lange attraktiv.

Dieser Klon von S*anguisorba tenuifolia* var. *purpurea* mit Namen 'Atropurpurea' ist auch bei extremeren Wetterlagen standfest und bewahrt seine Eleganz bis in den Winter hinein.

Sanguisorba-Hybride 'Blackthorn'

Lieblingspflanzen

HUMMELWEIDEN

Natürlich dürfen und sollen sich auch andere Insekten als Hummeln im Garten einfinden und etablieren. Vielfalt oder neudeutsch Diversität heißt das Motto. Darunter versammeln sich auch viele Spezialisten, sogenannte "Nützlinge", die dabei helfen können, Probleme, wie z.B. Invasionen von Schild- und Blattläusen, die verstärkt in Monokulturen und artenarmen Gärten auftreten, zumindest mittelfristig in den Griff zu bekommen. In diesem Kontext sei auf das von Markus Gastl initiierte Hortus-Netzwerk hingewiesen, dem sich immer mehr Gärten im deutschsprachigen Raum anschließen. Viele dieser Gärten können besucht werden und, wie die Bücher von Markus Gastl, als Inspirationsquelle für ein bewussteres Gärtnern dienen.

Blaue Kardinals-Lobelie (Lobelia siphilitica)

Lobelia siphilitica wächst mit ihrem hellgrünen Laub unscheinbar heran, um ab August mit ihren hellblauen Blüten zu bezaubern. Ihre Wirkung entfaltet sie besonders in größeren, zusammenhängenden Gruppen, wobei auch ihre zarte Herbstfärbung nach der eher kurzen Blüte sehr zierend ist. Obwohl *Lobelia siphilitica* frische bis feuchte Standorte in voller Sonne bevorzugt, wird sie von Schnecken eher gemieden. An wechselfeuchten Stellen erweist sie sich als nicht sehr standfest.

Hummelschaukel (Salvia uliginosa)

Lange bevor die Herbstastern das letzte Blütenspektakel im Garten einläuten, setzt sich mit *Salvia uliginosa* eine bis dahin eher unscheinbare Staude in Szene. Im August startet die Hummelschaukel mit vereinzelten himmelblauen Blüten und hört dann bis in den November hinein nicht mehr auf. Sie mag frische bis feuchte Standorte in voller Sonne und im ersten Jahr möglichst wenig Konkurrenz, um sich ordentlich etablieren zu können. In wenigen Jahren besiedelt sie große Flächen, wenn ihr der Raum hierzu geboten wird.

Was bei vielen hohen Stauden zu Akzeptanzproblemen führt, wie mangelnde Standfestigkeit in Verbindung mit langerndem Verhalten, macht den besonderen Charme der Hummelschaukel aus: ihre Blüten verteilen sich über die gesamte Höhe von bis zu 2 Metern und sie bleibt dabei auch bei größeren Beständen luftig und transparent.

Drüsige Kugeldistel (*Echinops sphaerocephalus*)

Auch wenn sie es trocken und warm liebt, kommt die Drüsige Kugeldistel mit verschiedenen Standorten im Garten zurecht. An mageren Stellen bleibt sie hüfthoch, an stickstoffreichen und frischen Plätzen kann sie aber auch 2 Meter und höher werden. Während der Blütezeit wird sie von Tagfaltern, Bienen und Wespen angeflogen, für die sie reichlich Nektar bereithält.

Ein fließender Übergang von Hohem Juni-Knöterich (*Aconogonon* sp. 'Johanniswolke'), Prärie-Mädesüß (*Filipendula rubra* 'Venusta Magnifica') zu Kerzenknöterich (*Bistorta amplexicaulis*) und Hummelschaukel (*Salvia uliginosa*).

GROSSSTAUDEN

Auch kleine Pflanzflächen und kleine Gärten können im Laufe eines Jahres durch die Dynamik einzelner Großstauden bereichert werden. An Stelle eines kleineren Gehölzes teilen sie vom Sommer an Räume auf und geben der Pflanzung Struktur und Spannung.

Amicia zygomeris

Die Waldrandstaude aus Mexiko zählt zu den Hülsenfrüchtlern und erreicht hier im Halbschatten auf lehmigem Boden eine Höhe von gut 2,50 Meter. Auf durchlässigeren Böden erweist sie sich als erheblich standfester und viel aufrechter im Wuchs. Sie treibt kurze Ausläufer und kann nach Jahren stattliche Ausmaße annehmen. In den Staudengärtnereien wird sie noch viel zu selten angeboten, obwohl *Amicia zygomeris*, entsprechend geschützt, kurzzeitigen Frost bis -18° C gut aushält und nach ihrem späten Austrieb im April immer attraktiv ist. Selbst extrem trockene Perioden führen nur zu Laubverlust, nicht aber zu Einbußen an Attraktivität. In den Abendstunden lässt sie ihr gefiedertes Laub wie eine Mimose hängen, um früh morgens aus dieser Schlafstellung wieder zu erwachen. Auch wenn sie bisher wenig verwendet wird, hat sie enormes Potential, als Großstaude häufiger Verwendung zu finden.

Neben der Art *A. zygomeris* gibt es noch weitere, wobei diese bisher nicht in Gärtnereien aufgetaucht sind.

Die an einen Morgenstern erinnernden Samenstände machen einen Rückschnitt des Chinesischen Süßholzes oft überflüssig.

**Chinesisches Süßholz
(*Glycyrrhiza yunnanensis*)**

Die einzige Staude, die im Garten gelegentlich gestützt wird, ist das Chinesische Süßholz, *Glycyrrhiza yunnanensis* aus der Familie der Hülsenfrüchtler, welches eigentlich für seine hohe Standfestigkeit bekannt ist. Der hiesige Boden ist nicht tiefgründig genug und zu wechselfeucht, und so gibt es keine Stelle im Garten, wo es das viel beschriebene Versprechen der Standfestigkeit selbst nach mehreren Jahren wirklich einhalten würde. Oft reicht ein Sturm mit starkem Niederschlag und *Glycyrrhiza yunnanensis* liegt darnieder. Danach bleibt ihr Wuchs eher lagernd und nur einzelne Triebe richten sich wieder auf. Sofern die bis zu 2 Meter hoch werdende Staude das nicht an einem Weg macht, kann man das gelassen sehen.

Der bogige Wuchs begründet ihre besondere Eleganz und gerade ältere Exemplare dieser sehr langlebigen Staude können enorme Ausmaße annehmen.

Das feingliedrige Laub ist unpaarig gefiedert, gegenständig und behält seine Eleganz bis in den Winter hinein. Während die Blüten von *Glycyrrhiza pallidiflora*, *G. glabra* und *G. aspera* länglich sind, erkennt man *G. yunnanensis* an kugeligen, violetten Blüten, die sich etwas im Laub verstecken und an die Blüten des Klees erinnern, mit dem sie auch verwandt ist.

Richtig spektakulär sind hingegen die kugelförmigen, fast an einen Morgenstern erinnernden, roten Samenstände, die beim Schütteln reichlich rascheln und auch in der Floristik sehr beliebt sind. Da die verholzten Stiele mit den Samenständen langlebig und besonders dekorativ sind, empfiehlt sich hier, auf den Rückschnitt ganz zu verzichten.

Reifbesetzte Samenstände am Chinesischen Süßholz Ende Januar.

Lieblingspflanzen

Die Weidenblättrige Sonnenblume möchte gerne als Hauptdarstellerin inszeniert werden, hier zusammen mit Japan-Wiesenknopf und Kerzenknöterich.

Weidenblättrige Sonnenblume
(Helianthus salicifolius und
var. orgyalis)

Die Weidenblättrige Sonnenblume oder – wie sie von dem Gartenplaner Hermann Gröne wegen ihrer ornamentalen Blattwirkung und dem „lagernden Herumhängen" auf schweren Böden so treffend genannt wurde: – Hippieblume wird oft als Solitärstaude gepflanzt. Nach einer gewissen Anwachsphase ohne Bedrängung setzt sie sich dann, je nach Pflanzpartnern, Boden und Klima, bestandsbildend durch. Auf nicht optimalen Standorten oder nach längeren Regenphasen kann der frische Austrieb dieser gewaltigen Staude schnell zu Schneckenfutter werden, was die Bestände unter Umständen stark dezimiert. Trotz der enormen Höhe von bis zu 2,5 Meter bleibt auch eine größere Aufpflanzung immer transparent. Wichtig ist eine gute Nährstoffsituation des Bodens. Da die verholzten Stiele mit den Samenständen sehr langlebig und besonders dekorativ sind, empfiehlt sich ein später Rückschnitt.

Wer es auch auf schweren Böden gern etwas aufrechter und standfester mag, dem sei *Helianthus salicifolius* var. *orgyalis* empfohlen, die zwar horstiger wächst, aber auch gewaltige Ausmaße annimmt.

Sida hermaphrodita und Persicaria microcephala 'Red Dragon'.

Virginiamalve (*Sida hermaphrodita*)

Es gibt Stauden, die es partout nicht in die Gartenkultur schaffen, obwohl sie sogar in jüngeren Auflagen (ab 2002) von Jelitto/Schacht/Simon: „Die Freilandschmuckstauden" Erwähnung finden. Eine davon ist *Sida hermaphrodita*, die Virginiamalve aus der Familie Malvaceae. Wenn sie einmal in Gärtnereien erhältlich ist, wird sie oft als *Napaea dioica* angeboten, auch ein Malvengewächs mit ähnlicher Blüte, aber völlig anderem Blatt. Im April treibt *Sida* aus und bildet sehr aufrechte Triebe, die bis zu 3 Meter hoch werden können. Das symmetrische Laub ist zierend mit seinen tief gelappten Blattspreiten und lanzettlich spitzen Lappen. Sie übersteht auch sehr trockene Perioden und verliert maximal ihr unteres Laub, ohne dabei nachhaltig an Attraktivität einzubüßen. Ihre gelbe Herbstfärbung hat eine gute Fernwirkung und sie ist bestens mit Wasserdost zu kombinieren. Zum Herbst hin neigt sie zu Blattflecken, wahrscheinlich *Ramularia*, die den Zierwert eher noch verstärken.

Sida hermaphrodita wächst horstig, bildet teilweise Ausläufer und kann binnen weniger Jahre große Bestände bilden. Um den horstigen Charakter zu erhalten, sind regelmäßige Jätedurchgänge im Frühjahr notwendig. Im Vergleich zum Federmohn halten sich diese aber in Grenzen.

Artischocke (***Cynara cardunculus***)
Von der Gemüsepflanze Artischocke gibt es zahlreiche Kulturformen: Bei Kardy finden die fleischigen Blattstiele, gerne gebleicht, als Gemüse Verwendung, während als Artischocke zumeist das bekanntere Blütengemüse gehandelt wird, das korrekt *Cynara cardunculus* Scolymus Grp. heißt. Letztere ist ausdauernder und findet sich als spektakuläre Staude viel zu selten in den Gärten. Dabei ziert ihr riesiges Laub und ab dem Hochsommer bilden sich die hoch über dem Laub stehenden Blütenstände. Gemüsegärtner bringen sich mit dem Ernten der noch geschlossenen Blütenknospen regelmäßig um die elegante Pracht der violetten Blüte. Auch der Autor erwischt sich jedes Jahr dabei, einige der faustgroßen Köpfe dann doch zu ernten. Sie werden gut 25 Minuten in Salzwasser mit einem Schuss Limettensaft gekocht.

Lieblingspflanzen

Beetrose 'Leonardo da Vinci' in einem rotstieligen Sämling von *Fargesia murieliae*.

ROSEN UND STAUDEN

Rosen mögen es gerne etwas luftig, auch um ihre Pflanzstelle herum. So ist es nicht leicht, sie in Stauden- und Gräserpflanzungen zu integrieren, insbesondere, wenn offener Boden keine Option ist. Da sich Stauden und Gräser schneller als Rosen entwickeln, eignen sich nur sehr wüchsige Rosen für solche Kombinationen, selbst wenn man bei diesen auf einen Rückschnitt weitestgehend verzichten möchte. Sollen junge, wurzelnackte Rosen in bestehende Staudenpflanzungen gesetzt werden, ist es ratsam, Stauden in direkter Nähe zu entfernen und den Boden mit Rindenmulch oder Rückschnitt abzudecken. Es ist eben gar nicht so angenehm, zwischen oder neben Rosen zu jäten. Da freut man sich über jede gelungene Pflanzkombination, die hier unerwünschten Spontanbewuchs verhindert.

Außerdem eignen sich nicht alle Rosen als perfekte Partner in Stauden- und Gräserpflanzungen.

Englische Rose 'A Shropshire Lad' mit Riesen-Federgras.

Lieblingspflanzen

Hulthemia-Hybride 'Persian Butterfly'

Rosa 'Golden Wings'

Lieblingspflanzen

Rotblatt-Rose *Rosa glauca* in Rasen-Schmiele und Bach-Nelkenwurz.

Englische Rose 'Mary Rose' mit Kleinem Frauenmantel und Falscher Alraunenwurzel.

Lieblingspflanzen

Hagebutten an *Rosa gallica* 'Complicata' und Herbst-Kopfgras.

BONUSTRACK

Großblättriges Scheinschaumkraut
(*Pachyphragma macrophyllum*)

Eine Lieblingsstaude im März ist das Großblättrige Scheinschaumkraut, eine langlebige Staude, die einige Jahre benötigt, um größere Bestände zu bilden. Insbesondere im trockenen Schatten, im Wurzeldruck eingewachsener Gehölze lässt sich das Scheinschaumkraut gut integrieren. Einige Gehölze reagieren auf eine solche Störung ihres oberen Wurzelsystems empfindlich. Bei manchen kann man eine – vom Stamm ausreichend entfernte – Aufschüttung mit Mutterboden und Kompost vornehmen, aber auch da gilt es, sich vorab zu informieren, ob der Baum das verträgt. Auf frischen Böden und in sonnigeren Lagen kann das Scheinschaumkraut auch gut neben Großstauden verwendet werden, da es mit deren späterer Beschattung gut zurechtkommt.

VOM SCHEITERN

Über das Scheitern schweigt es sich vorzüglich. Wer spricht in unserer individualistisch orientierten Leistungsgesellschaft schon gerne über seine Ängste vor dem Scheitern und über das Versagen an sich? Ich nicht! Dabei gibt es kaum einen schöneren Ort zum Scheitern als den Garten. Doch warum?

Wer sich ein größeres Gartenprojekt vornimmt, wird immer Rückschläge erleben. Eine unvorhergesehene Abwesenheit vom Garten – eine Grippe, ein Bandscheibenvorfall – und schon wuchern die Wildkräuter alles zu und dominieren das Bild in den Beeten. Als der hier beschriebene Garten noch sehr jung war, verstarb plötzlich mein Vater in seinem eigenen Garten. Ein Herzinfarkt, direkt neben seiner Lieblingspflanze, einer *Echinacea*. Nicht Wochen, eher Monate wollte ich nicht oder nur sehr widerwillig in den eigenen Garten gehen. Ich wollte nicht sehen, wie die Stauden, Gräser und noch sehr jungen Gehölze langsam von allen möglichen Wildkräutern überwuchert und verdrängt wurden. Ich stellte mir den Garten in 20 Jahren vor, wenn die langlebigen Stauden größere Exemplare oder Bestände gebildet hätten und die Gehölze stattlicher geworden wären. Er könnte dann einfach so verwildern und sich selbst überlassen werden. Nur die Wege würde ich frei halten und hier und da mal an einer Ackerwinde zupfen. Eine schöne Vorstellung. In der Realität verkam der Garten immer mehr. Es war längst August und Ende September sollte die erste Begutachtung der Kerzenknöteriche stattfinden. Viele Leute waren eingeladen und der Garten war in einem problematischen Zustand. Wie meine Moral. Da kam an einem Tag meine Mutter in den Garten und sagte einfach und unvermittelt: „Los, wir schaffen das!"

Ich will es heute nicht Trauerarbeit nennen, aber die nächsten Wochen waren ein einziges Jäten, Mulchen offener Stellen und Nachpflanzen in bestehende Lücken. Es gibt leider keine Fotos aus dieser Zeit, nur von der Knöterich-Tagung und da sah man dem Garten die zwischenzeitliche Verwahrlosung nicht mehr an. Damit hätten wir auch schon eine Antwort auf die Ausgangsfrage, warum der Garten ein schöner Ort zum Scheitern ist. In der Regel ist es hier nur ein vorübergehender Zustand, der sich korrigieren lässt. Oder verdrängen, leugnen und vergessen.

Als Linker Niederrheiner werde ich oft beneidet um unser angeblich „südenglisches Klima". Damit meinen Gärtner ein mildes, ausgeglichenes Klima, das im Freiland subtropische oder mediterrane Gartenbilder ermöglicht. Die Unverschämtheit liegt in der mitschwingenden Feststellung, in einem solchen Klima könne ja jeder D*** oder I**** gärtnern. Tatsächlich werden hier nach einigen sehr milden Wintern wieder Olivenbäume aus dem Süden importiert; und nach den spärlichen Spätfrösten der letzten Jahre stellen Mutige ihren Oleander bereits Anfang April wieder nach draußen. Eine besondere Lektion hielt das Jahr 2016 parat. Hatten wir bis zum Mai noch vergleichsweise normale Niederschläge zwischen 40 und 80 mm, waren es im Juni in nur wenigen Tagen ganze 177 mm. Teile des Gartens standen unter Wasser, in einigen Wegen versank man sogar. Wir verloren eine gut 10 Jahre alte, brusthohe Samthortensie. Sie ertrank, weil sie zeitweise knöchelhoch im Wasser stand. An derselben Stelle verließen uns auch sehr viele Silberkerzen, einige Oktobersteinbreche und viele Eisenhüte. Carex morrowii var. temnolepis überlebte jedoch großflächig, ein wunderbares Gras, das mir der Gartengestalter Jörg Pfenningschmidt einmal empfohlen hatte. Nun weiß ich auch warum.

Ein weiteres Opfer der Wassermassen waren größere Bestände von Aster 'Snow Flurry', die Sie auf Seite 31 noch in voller Blüte sehen können. Sie ertranken in diesem Jahr quadratmeterweise und erholten sich kaum. Da sie uns 5 Jahre prächtige Blütenmeere unter Rosen beschert hatten, werden wir sie einfach neu aufpflanzen und hoffen, dass wir diese Arbeiten nur alle 6 Jahre wiederholen müssen.

Nachdem in der ersten Jahreshälfte fast eine Jahresmenge an Niederschlag fiel, war die zweite Hälfte von extremer Trockenheit geprägt. Im Juli fielen ganze 19,8 mm Regen. Sehen Sie auf den Seiten 34 und 35 den herrlichen Hohen Herbst-Eisenhut? Bereits die Trockenheit im Sommer 2015 hatte die Bestände um die Hälfte dezimiert. Im Oktober 2016 blühten von gut 500 in 2011 gepflanzten Exemplaren keine 60 mehr, nachdem schon die erste Blüte im August wegen Trockenheit ausblieb. Ähnlich erging es den Sterndolden, die sich hier nur an sehr zusagenden Plätzen im Halbschatten als langlebig erweisen. Sie vertrocknen nach einer ersten Blüte im Juni regelmäßig, treiben aber im Spätsommer wieder durch, um ein zweites Mal zu blühen. Ihre Bestände haben sich dank der trockenen Sommer und unserem Verzicht auf künstliche Beregnung kontinuierlich und stark reduziert. Noch schlimmer ist die Situation bei den Krötenlilien, den Punktierten Glockenblumen und den Kardinals-Lobelien, da sich hier nicht nur das Wetter als Problem erweist, sondern auch Invasionen von Nacktschnecken. Alle drei Pflanzenarten haben wir fast vollständig verloren.

Nun könnte ich die Ärmel hochkrempeln und diese Stauden vermehren, um neue Bestände aufzubauen. Im Falle des Hohen Herbst-Eisenhutes macht das auch Sinn, da sie über Jahre stabil waren und regelmäßig Zuwachs zeigten. Bei den Sterndolden haben sich immerhin an einigen Stellen im Garten stabile Standorte herausgebildet. Bei den anderen Stauden muss ich akzeptieren, sie falsch verwendet oder bei der Schneckenbekämpfung versagt zu haben. Ich könnte behaupten, dass sie mir wohl nicht wichtig genug gewesen seien. Da ich mich aber noch genau an den Tag erinnern kann, an dem ich sie bei Gerhild Diamant in der Gärtnerei entdeckte, wäre das nicht ehrlich.

Vom Scheitern

DIE AUTOREN

Torsten Matschiess war Partner einer kleinen Internetagentur in Düsseldorf und beschloss im Jahr 2015, sich zukünftig der Planung von Gärten zu widmen. Was im eigenen Garten 2004 begann, fand seine Fortsetzung in den Gärten von Freunden und mündete schließlich in seiner neuen Profession. Neben der Gartengestaltung, Beratung und Planung hält er Vorträge zur Staudenverwendung und berät die grüne Branche zu den Belangen neuer Medien.

Jürgen Becker gehört weltweit zu den gefragtesten Gartenfotografen.
Seine Passion ist es, die Architektur von Gärten und die Schönheit der Pflanzen in einzigartigen und magischen Lichtstimmungen festzuhalten.
Seine Fotos werden in einer Vielzahl von Kalendern, Büchern und international renommierten Magazinen veröffentlicht. Seit seinem Studium an der Kunstakademie Düsseldorf arbeitet er als freier Fotograf. Für seine Arbeit wurde Jürgen Becker vielfach international ausgezeichnet.

DANKE

Der Autor dankt dem Ulmer Verlag für das in ihn gesetzte Vertrauen; Hermann für seine Unterstützung; Gerhild, Michael und Günther für vielfachen fachlichen Rat, Stauden und Bäume; Moritz für Inspiration und Warnung; Barbara, Susanne, Nina, Thomas, Kerstin, Petra, Christian, Christian, Björn, Marc-Rajan, Nina, Sabine, Niels, Mark, Fine, Till, Klaus und Susanne für Inspiration; Bettina, Jörg und Klaus für so manchen Rat; Margret, Detlef, Uschi, Manfred, Petra, Michael, Herrn Leßmann, sowie Gabi und Mihaela für Support; Michael und Bagger-Hans für die Wege; Nelly für das Land; der Firma Freistil und Gregor für ihre Unterstützung; Herrn Michael für seinen Blick; Onkee, Wilfried, Beate und Angelo fürs Kulinarische; Eva und Paul für die Erkenntnis, dass es nicht nur Stauden und Gräser gibt; den beiden Polizisten und dem Nachbarn für den ersten Impuls; Anne und John für ihr Vertrauen; Chris für die Knöteriche; Coen, Herrn Kramer, Eheleute Oudolf und Fahner, Linda, Roger, Christel, Annemarie, Christian, Diana und Johan für viele schöne Stauden; nochmal Barbara für Gegenwärtigkeit; Stephan für den Flug und das Rechnen; Jonas für die Idee; Frau Gronau für Unterstützung und Good Vibrations; Frau Hecht für Halt und einen reibungslosen Stabwechsel; Frau Condé für ihre Kompetenz und Gelassenheit im Lektorat; Frau Haas für den schönen Titel und ihre Geduld; Tati für ein großartiges Buchkonzept und die täglichen Telefonate; Jürgen für seinen (Vorsicht Eigenlob!) kongenialen Blick und das amüsante Warten auf Kachelmannwetter und seiner (des Autors!) Liebsten Daniela für ihre Geduld und Hingabe, auch an den Garten.
Freundschaft!

LITERATURVERZEICHNIS

Die hier gelisteten Bücher begleiten den Autor auf seiner Reise in den Garten. Einige dienen als unverzichtbare Nachschlagewerke, andere als Inspirationsquelle und wieder andere vermitteln Spezialwissen – falls auch Sie tiefer in die Materie eintauchen möchten.
Leider sind einige dieser Werke nur noch in Antiquariaten verfügbar, lohnen aber die Investition. Alle anderen führt ihr lokaler Buchhandel.

Phillips, Rix: Stauden in Garten und Natur, Droemer Knaur, 1992
Ein immer noch sehr geschätztes und leider vergriffenes Standardwerk, das beliebte Stauden im Garten wie auch am Naturstandort porträtiert. Dieses Buch gehört auf den Nachttisch eines Staudenfans, selbst wenn viele Sorten alt sind und sich ein umfangreicher Schwerpunkt mit der Gattung Iris beschäftigt.

Henk Gerritsen: Gartenmanifest, Eugen Ulmer, 2014
Als der Autor zum ersten Mal in einer Pflanzung von Henk Gerritsen stand, wollte er Gärtner werden. Ein vorzügliches Buch.

Hans D. Warda: Das große Buch der Garten- und Landschaftsgehölze, Prull, 2001
Wenn der Lieferkatalog der Baumschule Lappen einigen anderen Baumschulen als Preisfindungsinstrument in Kundengesprächen dient, ist "der Warda" ein quasi amtliches Standardnachschlagewerk für Gehölze.

Rick Darke: Enzyklopädie der Gräser, Eugen Ulmer, 2010
Fast noch druckfrisch erkämpfte sich diese Enzyklopädie einen Stammplatz auf dem Schreibtisch des Autors.

Ellenberg, Leuschner: Vegetation Mitteleuropas mit den Alpen in ökologischer, dynamischer und historischer Sicht. 6. Aufl., Eugen Ulmer, 2010
Wer sich tiefer in die Ökologie der Pflanzen einarbeiten möchte, kann mit diesem Werk seinen Jahresurlaub verbringen.

Norbert Kühn: Neue Staudenverwendung, Eugen Ulmer, 2011
Kaum ein Lehrbuch bringt das geballte Wissen über die aktuelle Staudenverwendung so zielsicher und ohne Umwege auf den Punkt. Bei aller wissenschaftlichen Methodik kann Norbert Kühn nie seine besondere Zuneigung zur Natur verleugnen.

Christopher Lloyd: Wiesen, Eugen Ulmer, 2005
Manche Gärten entwickeln sich aus Wiesen, manche Gärten münden in Wiesen.

Hansen, Stahl, Duthweiler: Die Stauden und ihre Lebensbereiche, 6. Aufl., Eugen Ulmer, 2016
Dieser Klassiker teilt die Welt der Stauden in ihre verschiedenen Lebensbereiche und Pflanzengesellschaften und war eine wichtige Grundlage für den „New German Style".

King, Oudolf: Zarte und prachtvolle Gräser, Dumont, 1999
Es ist immer noch eines der Lieblingsbücher von Oudolf, inspiriert wie inspirierend.

Reif, Kress, Becker: Blackbox Gardening, Eugen Ulmer, 2014
Kaum ein Begriff hat es so schnell geschafft, sich in der Gartenszene zu etablieren, wie dieser Buchtitel für das Arbeiten mit sich versamenden Pflanzen.

Wolf-Dieter Storl: Wandernde Pflanzen, AT Verlag, 2012
Dass Pflanzen einen derartigen Hass auf sich ziehen können, sollte uns stutzig machen. Herr Storl wagt einen tieferen Blick auf Neophyten, die bedrohten Ökosysteme und einen möglichen Sinn von Immigration.

Rothmaler, Jäger (Hrsg.): Exkursionsflora von Deutschland, Gefäßpflanzen: Grundband, 20. Aufl., Spektrum, 2011
Die heimische Flora im Überblick für Handtaschen und kleines Gepäck.

The Best of Jürgen Becker Garden Pictures, Becker Joest Volk Verlag, 2013
Manche Gärten sind berühmt, weil der richtige Fotograf bei richtigem Licht richtig stand und den Auslöser fand.

Pelz, Timm: Faszination Weite – Die modernen Gärten der Petra Pelz, Eugen Ulmer, 2013
Der Autor liebt die Pflanzungen von Frau Pelz, die hier auch etwas aus dem Nähkästchen ihrer Projektarbeit plaudert. Für Kunden, die einen Garten beauftragen möchten, sind das wertvolle Hinweise.

Markus Gastl: Ideenbuch Nützlingshotels, Eugen Ulmer, 2015
Hier kommt ein echter Fachmann zu Wort, der vermittelt, dass sich viele Probleme im Garten nicht mit Chemie, sondern besser mit einem besseren Verständnis der Natur lösen lassen.

Daniel Nies: Zeichnen in der Gartengestaltung, Eugen Ulmer, 2008
Nicht nur Gartengestalter können in diesem Werk viel über das Visualisieren von Ideen lernen. Erfrischend dabei ist der Fokus auf echtes Zeichnen von Hand.

Heinrich, Messer: Staudenmischpflanzungen, Eugen Ulmer, 2012
Staudenmischpflanzungen wurden entwickelt, um öffentliches Grün attraktiver und mit geringerem Pflegeaufwand zu gestalten.

Jelitto, Schacht, Simon: Die Freilandschmuckstauden, Eugen Ulmer, 2002
Es gibt nur sehr wenige Stauden, die in diesem Buch nicht beschrieben sind.

INDEX

A
Ackerschachtelhalm 55
Aconitum carmichaelii var. *carmichaelii* 34
Aconogonon × *fennicum* 'Johanniswolke' 95, 128, 130, 154
Aconogonon lichiangense 134
Aconogonon sp. 'Johanniswolke' 95, 128, 130, 154
Actaea racemosa var. *cordifolia* 'Blickfang' 36
Actaea simplex 'Brunette' 37, 39
Alcalthaea (×) *suffrutescens* 'Parkfrieden' 80, 113
Allium sphaerocephalon 90
Alraunwurzel, Falsche 84, 178
Amelanchier lamarckii 70
Amicia zygomeris 156
Amur-Korkbaum 11, 32, 90
Aralia californica 83, 84
Aralie, Kalifornische 83, 84
Artischocke 168
Aster, Hohe Sommer- 72
Auslese 12, 40, 99, 106, 110, 140
Aussaat 20, 40

B
Bambus 71, 73, 170
Bartfaden, Fingerhutförmiger Garten- 30
Bastardmalve 80
Becherpflanze, Verwachsenblättrige 78
Begutachtung Kerzenknöterich 110 ff,
Bewässern 20, 34, 52
Bistorta affinis 'Darjeeling Red' 136
Bistorta amplexicaulis 'Blackfield' 114
Bistorta amplexicaulis 'Fat Domino' 77
Bistorta amplexicaulis 'Fine Pink' 60
Bistorta amplexicaulis 'Janet' 65, 113
Bistorta amplexicaulis 'Pink Mist' 126
Bistorta amplexicaulis 'Rowden Gem' 121 ff
Bistorta amplexicaulis 'September Spires' 120 ff
Bistorta amplexicaulis 'Spotted Eastfield' 124
Bistorta amplexicaulis 'White Eastfield' 116 ff
Bistorta officinalis 12, 138 ff
Bistorta officinalis 'La Chaux' 140
Bistorta officinalis 'Superba' 138

Blauglockenbaum 29, 30, 90
Blick(-achse) 46, 71, 72, 77, 91
Böden, feuchte 11, 34, 135, 136, 149, 151
Böden, frische 34, 39, 58, 132, 135, 153
Böden, offene 33, 52, 56, 58, 84, 171
Böden, verdichtete 15, 22, 34, 58
Böden, wechselfeuchte 15, 17, 26, 149, 159
Bodendecker 98, 128
Bodengare 15, 17
Bodenverhältnisse 58
Bruchanfälligkeit 128
Budget 20, 44, 58

C
Calamagrostis × *acutiflora* 'Karl Foerster' 80
Carex muskingumensis 99
Chinaschilf 70, 72, 96, 134
Cimicifuga racemosa var. *cordifolia* 'Blickfang' 36
Cimicifuga simplex 'Brunette' 37, 39
Coppicing 30
Cornus controversa 18
Corylus maxima 'Purpurea' 70
Cynara cardunculus 168

D
Delphinium 21, 28
Deschampsia cespitosa 29, 30, 86, 96, 100, 118
Digitalis purpurea 12
Diversifikation 56
Diversität 57, 148
Doellingeria umbellata 72
Duft 20, 37, 38, 74, 102

E
Echinacea 40, 43, 77, 84
Echinacea purpurea 40, 43, 77, 84
Echinops sphaerocephalus 21, 82, 152
Ehrenpreis, Kandelaber- 26, 28
Eisenhut, Hoher Herbst- 34
Eisenkraut, Lanzen- 76, 118
Epilobium angustifolium 14
Eragrostis curvula 24, 65, 113
Eupatorium fistulosum 90, 95, 96, 100, 118

F
Fargesia murieliae 170
Federgras, Riesen- 22, 70, 76, 84
Felsenbirne, Kupfer- 70
Filipendula rubra 'Venusta Magnifica' 154
Fingerhut, Roter 12
Frauenmantel, Kleiner 178

G
Gartenkultur 10, 38, 49
Gartenplanung 30, 44, 68
Geröllhalde 55
Gesellschaft der Staudenfreunde 40
Gestaltung 49, 57, 67 ff,
Glycyrrhiza yunnanensis 92, 118, 158, 160
Gravel Garden 54
Großstauden 75, 83, 95, 128 ff, 154 ff
Grünflächen 63

H
Häcksel 44
Hagebutten 180
Hahnenfußgewächse 34
Hartriegel, Pagoden- 18
Hasel, Blut- 70
Helianthus salicifolius 118, 162
Helianthus salicifolius var. *orgyalis* 163
Herbstbilder 11, 18, 32, 65, 150, 158
Hippieblume 163
Höhe, generative 113
Höhe, vegetative 113
Hortus Netzwerk 148
Hulthemia-Hybride 'Persian Butterfly' 174
Hummel 21, 56, 62, 148, 151
Hummelschaukel 21, 150, 154
Hummelsterben 21
Hummelweiden 148 ff

I
Insekten 20, 24, 52, 135, 148
invasive Arten 56, 109
In-Vitro-Vermehrung 37, 41
Iris foetidissima 16
Iris, Stinkende 16

INDEX

J
Jäten 14, 55, 58, 63, 72, 167

K
Kardy 168
Katzenminze 21, 46
Katzenminze, Blaue 46
Kerzenknöterich 'Blackfield' 114
Kerzenknöterich 'Fat Domino' 77
Kerzenknöterich 'Fine Pink' 60
Kerzenknöterich 'Janet' 65, 113
Kerzenknöterich 'Pink Mist' 126
Kerzenknöterich 'Rowden Gem' 121 ff
Kerzenknöterich 'September Spires' 120 ff
Kerzenknöterich 'Spotted Eastfield' 124
Kerzenknöterich 'White Eastfield' 116 ff
Knautia macedonica 118
Knöterich, Himalaya- 134
Knöterich, Hoher Juni- 95, 128, 130, 154
Konkurrenz 21, 24, 26, 37, 151
Kopfgras, Herbst- 41, 46, 59, 65, 101, 180
Kosten 55, 72
Kugeldistel, Drüsige 21, 82, 152

L
Landwirtschaft 56, 79
Laubsauger 55
Lauch, Kugelköpfiger 90
Lebensbereiche 23, 33, 39
Leitstauden 80, 87
Liebesgras, Schwachgekrümmtes 24, 65, 113
Lobelia siphilitica 149
Lobelie, Blaue Kardinals- 149

M
Mädesüß, Prärie-154
Meristemvermehrung 37
Miscanthus sinensis 'Hermann Müssel' 96
Miscanthus sinensis 'Yakushima Dwarf' 70
Mode(n) 53, 56, 68
Mulch 41, 58, 63, 114, 171

N
Nährstoffe 15, 28, 30, 163
Natur 13, 23, 28, 52, 55, 56, 106
naturalistisch 121, 128
Naturschutz 56
Naturstandort 23
Nelkenwurz, Bach- 84, 176
Neobiota 56
Nepeta × *faassenii* 'Walkers Low' 46
New German Style 23, 56
Niederschlag 17, 55, 95, 100, 128
Nullanteile 55

O
offene Gartenpforte 49
Ökologie 52, 56
Ökonomie 52

P
Pachyphragma macrophyllum 84, 182
Panaschierung 125
Panicum virgatum 'Northwind' 30
Paulownia tomentosa 29, 30, 90
Penstemon digitalis 'Mystica' 30
Perenne e.V. 110
Persicaria amplexicaulis s. *Bistorta amplexicaulis*
Persicaria microcephala 'Red Dragon' 114, 132, 166
Persicaria runcinata 98
Pflanzen, Duft- 24, 37, 38, 99, 102, 142
Pflanzen, Einjährige 13, 20, 28, 33, 58, 84
Pflanzen, heimische 56, 58, 139
Pflanzen, Kurzlebige 13, 28, 33, 41, 58, 84
Pflanzen, Zeiger- 15, 58
Pflanzengesellschaft 15, 20
Pflanzenverwendung 23, 38, 109, 110
Pflanzenverwendung, Ökologische 23, 63
Pflanzliste 56
Pflegearbeit 58, 56 ff,
Pflegeleichtigkeit 30, 52, 59 ff, 68, 72
Pflegeverzicht 59
Phellodendron amurense 11, 32, 90
Phyllostachys vivax 'Aureocaulis' 70, 73
Polygonum amplexicaule s. *Bistorta amplexicaulis*

Polygonum bistorta 138, 140
Polygonum campanulatum var. *lichiangense* 134
Prachtstauden 143
Präriesonnenhut 82
Privatheit 69
Purpurdost 90, 95, 96, 100, 118

R
Rasen 63, 72
Ratibida pinnata 82
Regen 17, 55, 95, 100, 128
Regenwürmer 55, 57
Reitgras, Garten-, 'Karl Foerster' 80
remontierende Stauden 28, 65, 113
Rhythmus 80, 87 ff
Rindenmulch 58, 63, 171
Rittersporn 21, 28
Rosa gallica 'Complicata' 64, 180
Rosa glauca 176
Rose 'Leonardo da Vinci' 170
Rose 'Mary Rose' 178
Rose 'Persian Butterfly' 174
Rose, Beet- 170
Rose, Damaszener-, 'York and Lancaster' 59
Rose, Englische, 'A Shropshire Lad' 172
Rose, Englische, 'Mary Rose' 178
Rose, Gallica-, 'Complicata' 64, 180
Rose, Rotblatt- 176
Rosen 59, 64, 170 ff
Rosen, wurzelnackte 171
Round Up 55
Rückschnitt 60 ff, 83, 88, 91 ff, 128
Ruderalflora 13, 15, 58

S
Saatgut 40
Salvia uliginosa 21, 150, 154
Samentausch 40
Sanguisorba 60, 65, 99, 126, 142 ff
Sanguisorba hakusanensis 'Alster Luft' 99, 142
Sanguisorba hakusanensis 'Lilac Squirrel' 126, 144
Sanguisorba tenuifolia 'Atropurpurea' 146
Sanguisorba tenuifolia var. *purpurea* 'Atropurpurea' 146

Sanguisorba-Hybride 'Blackthorn' 60, 64, 147
Schatten 28, 33, 135, 183
Scheinschaumkraut, Großblättriges 84, 182
Schlafstellung 156
Schlangenknöterich 138, 140
Schmiele, Rasen- 29, 30, 86, 100, 118
Segge, Palmwedel- 99
Sesleria autumnalis 41, 46, 59, 65, 101, 180
Sichtschutz 49, 68, 69, 74, 75
Sida hermaphrodita 166
Silberkerze, Lanzen- 'Blickfang' 36
Silberkerze, Lanzen-, 'Blickfang' 36
Silberkerze, Oktober- 'Brunette' 37, 39
Silberkerze, Oktober-, 'Brunette' 37, 39
Silphium perfoliatum 78
Sonnenblume, Weidenblättrige 118, 162
Sonnenhut 40, 43, 77, 84
Sortenwahl 26, 41, 110, 132, 143
Sporobolus heterolepis 39, 102
Stachys officinalis 'Hummelo' 62, 64
Standfestigkeit 26, 41, 146, 151, 159, 165
Standortfaktoren 17, 23, 58
Staudengarten 55, 83, 91
Staudenknöterich 109
Staudenmischpflanzungen 63
Stickstoffgehalt 15, 17, 58, 153
Stipa gigantea 22, 70, 76, 84
Strukturbildner 26, 87, 91, 95, 155
Süßholz, Chinesisches 92, 118, 158, 160

T
Tautropfengras 39, 102
Tellima grandiflora 84, 178
Testpflanzung 20, 23, 26, 41, 43
Textur 98 ff
Transparenz 76 ff, 103, 126, 151, 163
Trockenheit 17, 18, 20
Trockenstress 20

V
Variegation 125
Vegetationsperiode 17, 37
Verbena hastata 76, 118
Verbrennungen 37

Vermehrung 26, 37, 40, 44
Veronicastrum virginicum 26, 28
Versuchspflanzung 110
Virginiamalve 166
Vögel 20, 52, 57

W
Wegeführung 44, 63, 72, 90
Weidenröschen, Schmalblättriges 14
Welke 15, 17, 79
Wiesen 20, 121, 140, 143
wiesenartig 121, 140, 143, 20
Wiesenknopf, Japan-, 'Alster Luft' 99, 142
Wiesenknopf, Japan-, 'Lilac Squirrel' 126, 144
Wiesenknöpfe 60, 65, 99, 126, 142 ff
Wiesenknöterich, Teppich- 136
Wildkräuter 13, 33, 44, 55
Winterbilder 79, 88, 91, 95, 160, 180
Witwenblume, Purpur- 118
Wuchshöhe 113
Wurzelfolie 44, 55

Z
Zaun 69, 74
Zaunelemente, Weiden- 74
Ziest, Echter, 'Hummelo' 62, 64
Züchtung 41, 106, 110, 121

IMPRESSUM

Die in diesem Buch enthaltenen Empfehlungen und Angaben sind von der Autorin/vom Autor mit größter Sorgfalt zusammengestellt und geprüft worden. Eine Garantie für die Richtigkeit der Angaben kann aber nicht gegeben werden. Autorin/Autor und Verlag übernehmen keine Haftung für Schäden und Unfälle. Bitte setzen Sie bei der Anwendung der in diesem Buch enthaltenen Empfehlungen Ihr persönliches Urteilsvermögen ein. Der Verlag Eugen Ulmer ist nicht verantwortlich für die Inhalte der im Buch genannten Websites.

Bibliografische Information der Deutschen Nationalbibliothek
Die Deutsche Nationalbibliothek verzeichnet diese Publikation in der Deutschen Nationalbibliografie; detaillierte bibliografische Daten sind im Internet über http://dnb.d-nb.de abrufbar.

Das Werk einschließlich aller seiner Teile ist urheberrechtlich geschützt. Jede Verwertung außerhalb der engen Grenzen des Urheberrechtsgesetzes ist ohne Zustimmung des Verlages unzulässig und strafbar. Das gilt insbesondere für Vervielfältigungen, Übersetzungen, Mikroverfilmungen und die Einspeicherung und Verarbeitung in elektronischen Systemen.

Fotos:
Becker, Jürgen: Titelbild, Seite 4, 6, 10, 12, 14, 16, 18, 22, 24, 26, 32, 36, 40, 43, 45, 46, 47, 57, 59, 60, 64 u., 65 o., 68, 70, 73, 74, 76, 77 (beide), 78, 82, 84, 94, 95 o., 96, 98, 100, 101, 104, 107, 108, 112, 114, 115, 116, 118, 120, 122, 124, 130, 136, 140, 142, 147, 148, 152, 157, 158, 162, 163, 168, 178
Bürger, Stephan: Seite 50
Laube, Christiane: Seite 21
Mayer, Christian: Seite 111
Matschiess, Torsten: Seite 2, 8, 27 (beide), 29, 30, 34, 35, 38, 42, 48, 52, 53, 54, 62, 64 o., 65 u., 66, 69, 75, 80, 85 (beide), 86, 88, 89, 90, 91, 92, 95 u., 99, 102, 126, 129, 132, 134, 138, 144, 146, 149, 150, 154, 160, 164, 166, 170, 172, 174, 175, 176, 180, 182, 184,187

© 2017 Eugen Ulmer KG
Wollgrasweg 41, 70599 Stuttgart (Hohenheim)
E-Mail: info@ulmer.de
Internet: www.ulmer-verlag.de
Lektorat: Christine Condé, Helen Haas, Julia Hecht
Herstellung: Martina Gronau
Konzept Gestaltung, Layout: Tatjana Mueksch, Schlangenbad
Reproduktionen: timeRay Visualisierungen, Herrenberg
Druck und Bindung: Firmengruppe APPL, aprintadruck, Wemding
Printed in Germany

ISBN 978-3-8001-0872-5